일러두기

1. 이 책에 등장하는 인명, 기관명, 상표명, 신조어 등의 외래어는 국립국어원의 표기법을 따르되 일부 신조어는 입말에 따라 예외로 표기했습니다.

2. 이 책의 자료는 책을 집필한 2022년 8~10월을 기준으로 참고했습니다. 자료의 출처는 부록에 명시했습니다.

3. 세대별 구분에 관한 명확한 기준은 없으나 1980년대 초반~1990년대 중반 출생한 세대를 밀레니얼세대, 1990년대 중반~2000년대 후반 출생한 세대를 Z세대로 분류했습니다. 이 책에서는 1996~2007년 출생한 Z세대에 집중했습니다.

Z세대 트렌드 2023

하이퍼 퍼스널리티,
더 선명하고
입체적인 나

대학내일20대연구소 지음

위즈덤하우스

트렌드가 없는 시대의 트렌드

▼

"트렌드가 없는 게 트렌드인 것 같다."

올해로 14번째 트렌드 도서를 준비하면서 이런 우스갯소리를 했습니다. 트렌드를 읽고 예측하는 것은 언제나 쉽지 않은 도전이었지만 최근 2~3년 사이 부쩍 더 어려워졌다고 느끼던 참이었습니다.

2023년 Z세대를 대표하는 키워드로 '하이퍼 퍼스낼리티hyper-personality'를 선택하면서 '트렌드가 없다'는 것이 근거 없는 느낌만은 아니라는 생각이 들었습니다. 지금은 초개인화hyper-personalization 시대입니다. 일상 속 모든 것이 개인 맞춤형으로 진화하고 있고 개인이 가진 취향과 욕구 또한 미분화를 거듭하고 있습니다. 이 말은 곧 '대세'라 부를 수 있는 것, 소위 '국민템'과 같은 것들이 점점 희소해진다는 의미이기도 합니다.

"마이크로트렌드microtrend가 왜 중요한가요?"

이런 질문을 자주 받습니다. 개인화 서비스 중 대표 격인 넷플릭스는 2000개가 넘는 취향 군집을 갖고 있다고 합니다. 전통적인 고객 세그먼테이션segmentation, 세분화에서 소비자 군집의 개수는 많아야 한 자릿수에 불과했습니다. 그와 비교하면 개인화 시대에서 군집 하나의 크기는 굉장히 작다고 할 수 있습니다. 이런 작디작은 군집 하나하나가 열정적으로 움직이며 만들어내는 현상이 바로 마이크로트렌드입니다.

타깃 소비자를 파악하고 정의하는 것은 마케팅의 전제 조건이자 출발점입니다. 지금껏 기업들은 고객 세그먼테이션과 소비자 프로파일링에 많은 공을 들여왔습니다. 그러나 소비자 집단을 큼직하게 분류하는 것만으로는 극도로 미분화되고 있는 개인의 취향과 니즈를 충분히 충족시킬 수 없습니다.

소비자는 더 이상 한 집단에만 머무르지 않습니다. 이 책에 나오는 하이퍼 퍼스낼리티가 설명하듯이 요즘 소비자는 자신의 정체성을 하나로 완성하지 않습니다. 블록을 쌓는 것처럼 필요할 때마다 구성을 바꾸거나 조합을 달리해 다른 모양으로 자신을 만들어갑니다. 따라서 동시에 여러 집단에 해당할 수도 있고 수시로 집단이 이전될 수도 있습니다. 이렇게 다면적이고 가변적인 소비자에게 가까이 다가가려면 세그먼테이션과 프로파일링도 더 미시적이고 정교해져야 합니다.

시대를 관통하는 메인 스트림은 있습니다

소비자의 선택에 대세가 없을 뿐 그와 별개로 시대를 관통하는 가치는 존재합니다.

'복세편살'이란 단어를 기억하십니까? '복잡한 세상 편하게 살자'의 줄임말로 6~7년 전 유행했던 신조어입니다. 신조어는 시대를 풍미합니다. 복세편살이 유행했던 2010년대 중후반은 욜로YOLO, You Only Live Once와 힐링의 감성이 메인 스트림이었습니다. '성공하지 않아도 괜찮다', '매사 너무 애쓰지 않아도 된다'는 메시지가 대중의 공감을 샀던 시기입니다.

2020년대를 맞이해 메인 스트림에 변화가 일어났습니다. 일상 속 소비자의 무수한 행위와 선택의 기저에는 이제 '갓생'* 이라는 가치가 깔려 있습니다. 2023년 마이크로트렌드 중 상당 부분도 이 갓생의 맥락에 있습니다.

트렌드는 시대를 지배하는 감성을 보는 것입니다

이 책에서 다루는 사례와 현상은 대부분 마이크로트렌드에 해당하지만 이 책은 현상 자체가 아닌 밑바탕에 깔린 함의와 가치를 분석

* '갓god, 신'과 '인생人生'의 합성어로 하루하루 계획적으로 열심히 작은 성취감을 쌓아가는 삶을 의미

하는 데 집중하고 있습니다. 또 그것이 이 시대의 메인 스트림인 갓생과 어떻게 맞닿아 있는지를 살펴보고 있습니다. 이는 대학내일 20대연구소가 추구하는 트렌드 연구 방향이기도 합니다.

현상에만 주목하면 마이크로트렌드는 그저 소수의 일탈로만 보일 것입니다. 그러나 마이크로트렌드를 관통하는 감성과 마이크로트렌드가 모여 만들어내는 시대적 조류를 함께 보면 마이크로트렌드의 힘을 느낄 수 있습니다.

▼

이제 브랜드도 하이퍼 퍼스낼리티가 필요합니다

소비자의 미분화된 취향과 니즈를 충족하기 위해서는 브랜드도 더 선명하고 입체적인 정체성, 즉 하이퍼 퍼스낼리티를 가져야 할 때가 아닌가 합니다. 모두를 위한 브랜드보다 단 한 사람을 위해 기획된 브랜드가 더 강력할 수 있습니다. 하나의 '대세템'보다 '스몰 히트템'을 다수 만드는 것이 더 효과적일 수 있습니다. 롱테일 법칙처럼 작은 승리를 모아 거대한 승세를 만드는 것입니다. 이 방법이 꼭 정답은 아니겠지만 점점 더 빠르게 변화하는 시대, 점점 더 세분화되고 미분화되는 시대에 생각해볼 만한 의제입니다.

'세대를 보는 일은 미래를 보는 일'

《밀레니얼-Z세대 트렌드 2022》서문의 제목입니다. 세대를 이해하는 것은 시대를 이해하는 일이자 시대의 화두를 던지고 해법을 찾는 일이라고 생각합니다.

대학내일20대연구소는 20대를 중심으로 사회적 흐름을 연구합니다. 그동안 결혼, 출산, 취업과 같은 생애 주기의 주요 변곡점이 30대로 넘어가는 현상이 사회 전반에 자리 잡으면서 20대에서 30대 초중반에 걸쳐 유사한 소비 패턴과 가치관이 나타났습니다. 그래서 자연스럽게 저희도 이 연령대를 대표하는 밀레니얼세대를 연구했습니다.

3~4년 전부터는 밀레니얼세대의 뒤를 잇는 Z세대가 부상하기 시작했습니다. 20대 안에 밀레니얼세대와 Z세대가 공존하면서 MZ세대 전체로 다시 연구 대상을 확장했습니다. 이제 밀레니얼세대는 기성세대로 가는 길목에 접어들고 있고 20대의 자리는 Z세대가 차지하고 있습니다. 2019년《20대 트렌드 리포트》에서《밀레니얼-Z세대 트렌드》로 변화를 꾀했듯 다시《밀레니얼-Z세대 트렌드》에서《Z세대 트렌드》로 변화를 꾀할 때가 된 것 같습니다.

이 책이 시대를 이해하고 선도하는 데 좋은 길잡이가 되기를 바랍니다.

대학내일20대연구소 소장 호영성

Contents

PART 1. 2023 Z세대 트렌드 이슈

ISSUE 1. 하이퍼 퍼스낼리티:
더 선명하고 입체적인 나, 개인의 존재감과 캐릭터가 극대화되는 시대

ISSUE 2. 포트폴리오 세대:
수직적 성장이 아닌 수평적 성장으로 커리어 포트폴리오를 확장하는 Z세대

ISSUE 3. 숏포머블:
핵심 신과 캐릭터성이 강조된 숏포머블한 콘텐츠가 뜬다

Contents

PART 2. Z세대를 사로잡는 마케팅 코드

CODE 1. 공간:
Z세대가 방문하는 핫플의 4가지 특징

CODE 2. 전통:
힙해진 전통의 비밀

CODE 3. 편의점:
브랜드를 경험하는 플랫폼

PART 3. 키워드로 살펴보는 20대 트렌드 변천사

INSIGHT. 2010~2023 20대 트렌드의 흐름:
노멀크러시에서 하이퍼 퍼스낼리티까지

PART 1.

2023 Z세대
트렌드 이슈

ISSUE 1.

하이퍼
퍼스널리티
hyper-personality

더 선명하고
입체적인 나,
개인의 존재감과
캐릭터가
극대화되는 시대

콘텐츠는 물론 장보기, 쇼핑, 금융 서비스에 이르기까지
일상의 모든 것이 초개인화를 향하고 있다.
과거에는 소비자 집단을 성별, 연령, 거주지, 생애 주기,
소득과 같은 인구통계학적 속성에 따라 분류했다.
그러다 점점 취향, 신념, 라이프 스타일을 함께
살펴보는 방향으로 진화했다.
이제는 집단을 나누는 것이 무의미하다고 할 만큼
소비자 개개인을 속속들이 파악하고 접근한다.
말 그대로 초개인화 시대인 것이다.
이런 환경에서 나고 자란 Z세대의 자기 인식과
가치관을 살펴보면 이전 어느 세대보다도
자신의 존재감을 뚜렷하게 자각하고 자기 캐릭터를
정교하게 발전시켜나가는 모습을 보인다.
나를 중시하고 개성을 추구하는 경향은
Z세대의 부모 세대에게도 있었지만
그때는 군중에서 돋보이는 내 모습을 꿈꿨다면
이제는 타인의 존재 여부와 상관없이
무대 위에 선 나에게 오롯이 집중하는 추세다.
이를 하이퍼 퍼스낼리티, 우리말로 표현하자면
'극개성'이란 개념으로 정의했다.
초개인화 시대를 살아가는 Z세대에게
나타나는 특성과 자기 인식에 관해 살펴보자.

CHAPTER 1

개인화 시대를
살아가는 방법

디지털 세상은 철저히 '나'를 중심으로 돌아간다. 아침에 일어나서 밤에 잠들 때까지 이용하는 모든 온라인 서비스가 개인 맞춤형 서비스를 제공한다고 해도 과언이 아니다.

디지털 시대에 태어나 코딩 교육을 받으며 자랐고 AI가 일상화된 시대에 청년기를 보내고 있는 Z세대는 개인화된 서비스를 익숙하게 이용한다. 이들은 개인화 알고리즘을 이용해 원하는 콘텐츠를 능숙하게 얻는다. 또 나의 필요나 취향에 딱 맞도록 플랫폼을 직접 개인 맞춤형으로 만들기도 한다. 다시 말해 디지털 세상에서 자신에게 최적화된 결과물을 얻기 위해 무엇을 어떻게 해야 하는지 잘 이해하고 있을 뿐만 아니라 직접 그를 위한 시스템을 구현할 줄 아는 세대라고 할 수 있다.

명령어 잘 쓰는 새가 벌레를 잡는다

과거 네이버에서 맛집을 찾을 때 '○○(지역 이름) 오빠랑'을 검색하는 것이 특별한 노하우였던 시절이 있었다. 이런 표현은 데이트 일과를 기록할 때 사용할 확률이 높으므로 검색 결과에서 블로그 마케팅 광고를 자연스럽게 거를 수 있다는 추측에서 나온 검색법이었다.

그다음에는 '고위 공무원 업무추진비 맛집' 검색법이 주목을 받았다. 정부 기관 홈페이지에 고위 공무원의 업무추진비 집행 내역이 공개되고 있다는 점을 활용한 검색법이다. 광화문 맛집이 궁금하면 정부서울청사에 입주한 정부 부처의 업무추진비 집행 내역에서 자주 등장하는 식당을 확인해 검색하는 식이다. 맛집을 찾아보라고 공개한 자료는 아니지만 사람들이 이를 재치 있게 활용했다. 2018년 한 언론사는 이 업무추진비 집행 내역 데이터를 토대로 맛집 검색 사이트인 '의슐랭 가이드'*를 만들어 운영하기도 했다.

2021년부터는 모바일 내비게이션 애플리케이션(앱)을 활용하는 방법이 눈에 띄었다. 내비게이션에서 특정 메뉴를 파는 근처 음식점을 검색한 결과를 보고 사용자들이 각 음식점을 얼마나 저장했는지 비교하는 것이다. 리뷰는 광고나 가짜가 많지만 저장은 언젠가 꼭 한번 가보고 싶거나 정말 좋아서 다시 방문하고 싶은 경우에

---

* 전국 226개 기초의회 의원들이 선호한 우리 동네 맛집을 검색할 수 있는 사이트

내비게이션 앱에서 키워드를 검색한 뒤 각 음식점의 저장 수로 맛집을 판별 카카오내비

만 한다는 특징을 이용한 방법이다. 이런 기발한 검색법들은 정보의 바다에서 원하는 결과를 정확하게 찾아내고 가짜투성이에서 진짜 정보를 건져내고 싶어 하는 MZ세대의 창의력을 상징하는 대표적인 사례다.

최근 Z세대 사이에서는 한층 더 진화한 맛집 검색법이 등장했다. 바로 '트위터 아이돌 맛집 해시태그 검색법'이다. 아이돌 팬 사이에는 좋아하는 아이돌에게 자신이 발견한 맛집을 추천하는 트윗을 쓰는 문화가 있다. 이때 팬마다 특정한 해시태그를 덧붙이는데 이를 활용해 맛집을 검색하는 것이다. 좋아하는 아이돌에게 소개하

> ‹ 메모   ···
>
> #조슈아_먹어보슈아
> #순영아_이거_맛있어
> #원우야_여기_테이스티
> #도겸이도_도아할_맛집
> #박지성_단1g도안줌
> #먹어봤도영
> #백현이를_위한_맛집투어
> #몬베베가_몬베베에게_추천하는_맛집

트위터에서 맛집 검색용으로 이용되는 해시태그 예시

고 싶은 맛집 정보가 가짜일 리 없다는 믿음에 기초한 검색법이라고 할 수 있다.

'알 수 없는 알고리즘이 나를 이끌었다'는 인터넷 관용구가 있다. 우연히 유튜브, 구글, 넷플릭스 같은 플랫폼에서 마음에 드는 상품 광고나 재미있는 콘텐츠를 접했을 때 플랫폼이 내가 좋아할 만한 것을 어떻게 알고 소개했을까 신기하다는 뜻이다. 이는 내가 온라인에서 접하는 모든 것이 개인화 알고리즘에 의해 추천된 것임을 이해했기에 사용할 수 있는 표현이다.

Z세대는 이런 알고리즘을 역으로 이용하기도 한다. 관심 있는 브랜드나 상품의 광고가 내 피드에 뜨도록 일부러 키워드를 검색해두거나 관련 콘텐츠를 열람 혹은 구독하는 것이다. 예를 들어 '나이키'를 검색해두면 추후 나이키 운동화 최저가 판매 쇼핑몰 광고가 뜰 확률이 높고 '탁자'를 검색해두면 다양한 가구 브랜드나 인테리어 소품 쇼핑몰을 추천받을 수 있다. 이는 모두 광고지만 필요한 사람에겐 새로우면서도 유용한 정보가 될 수 있다.

이런 독특한 검색법들을 포함해 온라인에서 원하는 결과를 얻기 위한 모든 행동을 '명령어'의 개념으로 본다면 Z세대는 앞선 세대보다 어떤 명령어가 효과적인지 본능적으로 알고 그를 잘 활용할 줄 아는 세대라고 할 수 있다.

온라인 커뮤니티에서 잊을 만하면 한 번씩 올라오는 '개발자 유머'가 있다.

개발자가 퇴근길에 아내에게 전화를 걸어 필요한 게 있는지 물었다.

아내: 마트에서 우유 1개 사 와. 만약 마트에 달걀이 있으면 6개 사다 줘.

개발자는 우유를 6개 사 왔다.

아내: 왜 우유를 6개나 사 왔어?
개발자: 달걀이 있길래 우유를 6개 사 왔지.

나온 지 10년도 넘은 유머 글인데 지금도 종종 회자된다. 개발자인 남편 입장에서 살펴보자. 아내의 부탁을 맥락의 축약이 없는 알고리즘 방식으로 해석하면 마트에 달걀이 있었으니 우유를 6개 사오는 것이 맞다. 애초에 명령어(아내의 부탁)에 오류가 있는 것이다. 물론 현실에서는 부탁의 맥락과 대화에서 자연스럽게 생략된 정보를 고려하지 않은 남편의 판단이 미숙했다고 봐야겠지만 앞서 이야기한 맛집 검색법을 잠시 떠올려보자. 검색어를 어떻게 입력해야 하는지 알아야 원하는 정보를 찾을 수 있듯이 입력(인풋)이 정확해야 원하는 출력값(아웃풋)을 얻을 수 있다는 점을 시사하는 농담이라고도 할 수 있다.

이미지 생성 AI '달리DALL-E'와 '이매진IMAGEN'에 대해 들어본 적 있는가? 이들은 텍스트 묘사를 기반으로 이미지를 생성하는 인공지능 프로그램으로 내가 상상하는 이미지를 지시어로 입력하면 그에 해당하는 이미지를 만들어 보여준다. 내가 보고 싶은 그림과 일치율이 높은 결괏값을 얻으려면 어떻게 해야 할까? 어떤 텍스트를 입력할지가 관건일 것이다.

그림 그릴 줄은 몰라도 되지만 명령어를 잘 입력할 줄은 알아야 하는 세상이 됐다. '일찍 일어나는 새가 벌레를 잡는다'가 근면성실을 미덕으로 삼던 시대를 대표하는 속담이었다면 AI 시대에 어울리는 속담은 '명령어 잘 쓰는 사람이 원하는 결과를 얻는다'가 될지도 모르겠다.

선택하는 대신 직접 만들고 나누는 개인화

Z세대들의 '찐 맛집' 검색법이라는 트위터 맛집 검색법에 도전하고 싶은데 낯설고 긴 해시태그를 일일이 입력하기가 번거롭다면? '트위터 맛집 검색기'를 이용하면 된다.

맛집 추천에 사용되는 해시태그는 보통 같은 팬들만 아는 고유한 문구로 이루어져 있다. 이 검색법을 사용하는 Z세대조차 그때그때 복잡한 해시태그를 찾아보는 게 영 번거로웠나 보다. 결국 한 케

🍴

트위터 맛집 검색기

통합 검색

돌고돌아 다시 찾아온 승철이의 계절 🐰🐱	검색

통합 해시태그 목록

⌂

made by @inner_stella__

트위터 맛집을 한 번에 검색할 수 있는 사이트,
트위터 맛집 검색기

이팝 팬이 트위터 맛집 검색기를 만들어 배포했다.

맛집 검색기 덕분에 팬이든 아니든 사이트에 들어가 원하는 동네 이름만 넣으면 맛집 추천 트윗을 한꺼번에 볼 수 있게 됐다. 팬이 자신의 재능을 활용해 팬페이지를 운영하거나 콘텐츠를 만들어 공유하는 것은 자주 볼 수 있는 일이지만 아이돌과 직접적 관련이 없는 맛집을 소재로 콘텐츠를 넘어 플랫폼을 만들었다는 점이 흥미롭다.

10대 때부터 인터넷을 이용했고 1인 미디어 시대에 성장한 밀레니얼세대도 미디어 기기와 소프트웨어를 활용한 콘텐츠 생산 능력은 뛰어나다. 하지만 Z세대는 콘텐츠 제작에서 더 나아가 필요한 플랫폼이나 도구를 직접 프로그래밍해서 만들고 공유한다.

그 결과물이 사회적으로 대단한 의미나 쓰임새를 가진 것일 필요는 없다. 엄청난 기술과 능력이 있어야만 만들 수 있는 것도 아니다. Z세대는 세상에 없어도 무방하지만 존재하면 소소하게 도움이

교수에게 메일을 보낼 때 참고할 수 있는 다양한 양식을 제공하는 사이트_대설교메

되거나 재미를 느낄 수 있는, 지극히 개인적이고 일상적이고 간단한 것들을 익숙하게 창조한다.

별것을 다 만든 Z세대의 사례는 또 있다. 대학생 때 성적 정정 요청, 추천서 작성 의뢰, 수강 신청 문의 등으로 한 번쯤 교수에게 메일을 보내본 경험이 있을 것이다. 이때 메일에 어떤 내용을 써야 할지 고민이 되지 않았는가? 이는 요즘 대학생들도 마찬가지여서 SNS나 블로그에 교수에게 보낼 메일을 잘 쓰는 법을 알려주는 콘텐츠가 꾸준히 올라오고 인기를 끈다. 이런 수요를 충족시키기 위해 Z세대가 직접 만든 사이트가 있다. 바로 '대학생이나 돼서 설마 교수님께 메일 보내는 법도 몰라?'를 줄인 '대설교메'라는 이름의 사이트다.

이 사이트에서는 목적별로 교수에게 보낼 메일의 기본 양식을 제공한다. 하나의 양식 안에서도 날씨, 계절, 관계, 상세 목적 등 상황에 맞게 다양한 인사말을 선택할 수 있게 만들었다. 그렇다고 '대학생이나 돼서 교수에게 메일 쓰는 법도 몰라 이런 사이트를 이용해?'라고 오해하지는 말자. 각자의 상황에 따라 편리하게 활용할 수 있도록 매뉴얼을 모아놓은 곳이라고 보면 된다.

2018년 교육부는 초·중·고등학교에서 코딩 교육을 의무화하겠다고 발표했다. 일부 학교에서 시범으로 운영하던 것을 정규 교육 과정으로 채택했다. 또 선택 과목은 필수 과목으로 심화 과목은 일반 선택 과목으로 변경했다. 학생 때부터 컴퓨팅 사고computational thinking, 간단한 알고리즘 등 코딩의 기본 개념을 배우도록 한 것이다. 과거 글로벌 시대를 맞아 영어를 비롯한 외국어 교육이 필수가 됐듯이 4차 산업혁명을 맞아 이제 '국영수코'는 기본이 됐다.

물론 학교에서 의무로 배웠다고 모두가 프로그래밍을 할 수 있는 것은 아니다. 하지만 Z세대는 학교에서 알고리즘, 코딩, 프로그래밍의 기본 개념을 접했기 때문에 이를 친근하게 느끼고 능숙하게 다룰 가능성이 높다. 또 요즘은 인터넷에 조금만 검색하면 프로그래밍 노하우와 활용 가능한 소스를 많이 찾을 수 있다. 그때그때 필요한 정보를 수집하고 습득할 환경이 갖춰져 있어 간단한 코딩을 시도해보기도 쉽다.

사이트나 플랫폼을 만드는 수준까지는 아니더라도 일상에서 능숙하게 프로그래밍의 개념을 적용하는 Z세대의 사례를 심심찮게 볼 수 있다. 아이폰 단축어 사용이 한 예다. 아이폰 단축어 기능은 2020년 애플이 자사 OS에 론칭한 자동화 앱으로 원하는 작업을

아이폰 단축어 기능으로 좋아하는 아이돌에게 알림 문자 메시지가 온 것처럼 설정하는 방법

수행하기 위해 거쳐야 하는 여러 단계를 터치 한 번으로 실행할 수 있게 해준다. 각자의 스마트폰 이용 패턴에 따라 자주 사용하는 기능을 단축어로 지정해두면 편리하다.

이 단축어 기능을 활용해 구현할 수 있는 작업은 무궁무진하다. 원하는 시간에 미리 작성해놓은 문자 메시지가 발송되게 하거나 자동으로 '움짤'을 생성하거나 저장 옵션을 따로 제공하지 않는 SNS에서 사진이나 영상을 추출할 수 있다. 실제로 어떤 아이돌 팬들은 단축어 기능으로 자신이 좋아하는 연예인이 문자 메시지를 보낸 것처럼 보이도록 알림을 설정하기도 한다.

이렇게 단축어를 설정하기 위해서는 응용 프로그램 작업을 설계하고 변수를 입력하거나 배치해야 한다. 이는 프로그래밍과 비슷하다. 그리고 이런 식으로 사고하는 것에 익숙한 Z세대는 단축어 기능을 활발하게 이용한다.

2020년 열풍을 일으킨 이래 수년간 생산성 앱의 대표 주자로 손꼽히는 '노션'의 인기 요인도 개인화 확장 가능성이다. 요즘 Z세대

노선 활용의 다양한 예. 순서대로 포트폴리오 정
리, 루틴 관리, 독서 모임, 자산 관리_나재연, 유
튜브 리닛LINNIT의 아무거나, 김민경, 안수빈

취업준비생은 노션으로 이력서와 포트폴리오를 관리한다. Z세대
대학생들 역시 조별 과제에 노션을 주로 사용한다. 그 정도로 노션
은 Z세대에게 일상적인 플랫폼으로 자리 잡았다.

노션의 장점은 메모, 자료 저장, 프로젝트 관리, 간단한 엑셀 작업 등을 앱 하나에서 모두 해결할 수 있다는 것이다. 하지만 더 본질적인 인기 요인은 다른 생산성 앱에 비해 커스터마이징이 쉽고 그 범위가 넓다는 것이다.

노션을 실행하면 처음에는 하얀 도화지와 같은 화면이 펼쳐진다. 여기에 어떤 기능을 활용해, 템플릿과 아이콘을 어떻게 조합하느냐에 따라 무궁무진한 결과물이 나온다. 스크랩북, 가계부, 캘린더, 업무 관리표는 물론 나만의 개성을 보여주는 매거진, 홈페이지도 만들 수 있다. 앱이 제공하는 기능에 내 사용 범위를 맞추는 것이 아니라 내 목적에 맞춰 앱의 용도를 새롭게 설계하는 것이다. 코딩을 하지 않고도 프로그래밍을 하는 듯한 느낌을 주는 것이 노션의 매력이다.

아이폰 단축어 기능과 노션 활용법에서 또 하나 주목할 만한 점은 자신이 직접 제작한 단축어나 템플릿을 온라인에 배포해 누구나 활용할 수 있게 한다는 것이다. Z세대는 타인이 공유한 콘텐츠를 다운로드해 활용하고 그것을 자신의 필요에 맞게 각색해 발전시킬 뿐만 아니라 그 결과물을 재배포하기도 한다. 플랫폼이 제공하는 최소한의 틀과 도구를 활용해 스스로 다양한 선택지들을 재생산하며 소통하는 것이다.

Z세대를 공략하는 제품이나 서비스를 만들고 싶다면 커스터마이징 기능을 함께 제공하는 것이 좋다. 물론 과거에도 커스터마이징 옵션을 제공하는 상품과 서비스는 존재했다. 다만 그때 소비자는 생산자가 제시하는 선택지 안에서만 결정을 내릴 수 있었다. 이

제는 여러 선택지를 보여주는 것보다 소비자가 선택지 자체를 직접 만들게 한다는 접근법이 필요하다. 고객이 각자의 라이프 스타일, 취향, 필요에 맞춰 스스로 소스와 정보를 조작할 수 있도록, 그들의 재능을 마음껏 펼칠 무대를 만들어주는 것이다.

CHAPTER 2

더 선명하고 입체적인 나,
하이퍼 퍼스낼리티

인플루언서블* 하면서 멀티플리스트** 인 Z세대는 각양각색으로 자신을 표현한다. 인플루언서처럼 스포트라이트를 받으며 거리낌 없이 자신을 드러낸다. 멀티플리스트이기 때문에 자기만의 캐릭터를 능숙하게 구축한다. 이들은 포트폴리오를 채우듯 외모, 취미, 취향, 직업, 지식 등 나를 설명할 수 있는 다양한 요소를 모으고 관리한다. 일관된 지향점이나 목표가 있는 것은 아니다. 완성형을 추구하는 것도 아니다. 블록을 쌓듯 그때그때 다른 모양으로 구성을 바꾸거나 조합을 달리하며 나를 계속 쌓아나간다. 다면적이고 가변적이고 과정형의 나를 만들어간다.

• 인플루언서처럼 행동하는 Z세대의 특성. 《밀레니얼-Z세대 트렌드 2021》에서 소개
•• 자신의 소소한 재능과 개성을 살려 동시에 다양한 일을 하고 여러 소득원을 만드는 Z세대의 특성. 《밀레니얼-Z세대 트렌드 2022》에서 소개

자기 유형화의 시대, '나'라는 포트폴리오

사람들은 왜 운세를 볼까? 불안한 마음을 다스리고 싶거나 어려운 고민을 해결하고 싶어서라고 생각했다면 다음 자료를 살펴보자. 2022년 5월 대학내일20대연구소에서 전국 만 15~61세 남녀 1200명을 대상으로 점·운세 이용 행태¹를 조사했다. 흥미롭게도 답변이 세대별로 차이가 났다. X세대, 86세대에서는 '현재 고민·문제 해결', 즉 현실적인 이유로 운세를 본다는 답변이 1위였다. 반면 MZ세대는 '단순 재미·흥미'를 1위로 꼽았다. 특히, Z세대가 밀레니얼세대보다 훨씬 더 많이 '단순 재미·흥미'라고 답했다.

또 눈에 띄는 결과는 '나의 성향·성격 파악'이라는 답변이 Z세대에서는 4위로 42.9퍼센트라는 높은 비율을 차지했는데 이 항목의 응답률이 윗세대로 올라갈수록 크게 떨어진다는 점이다. Z세대에게 사주나 타로는 고민을 해결해주는 수단인 동시에 스스로를 더 잘 파악하기 위한 수단이기도 한 것이다.

이런 조사 결과는 MBTI를 비롯한 각종 유형 테스트가 인기를 끄는 현상과 맥락이 비슷하다. 대학내일20대연구소는《밀레니얼-Z세대 트렌드 2021》에서 '컨셉친'*** 이라는 키워드를 소개하며 MBTI와 유형 테스트의 인기를 자세히 다룬 바 있다.

Z세대에게 MBTI는 나를 파악하고 타인을 이해하는 수단이다.

*** '콘셉트concept'와 '친구親'의 합성어. 취향에 맞는 콘셉트 세계관과 콘텐츠를 기반으로 소통하는 MZ세대의 트렌드를 의미

Z세대는 왜 점·운세를 볼까?

세대별 점·운세를 보는 이유

[Base: 전국 만 15~61세 남녀 중 점·운세 경험자, n=749, 1+2+3순위 응답, 단위: %]

전체	Z세대	후기 밀레니얼세대	전기 밀레니얼세대	X세대	86세대
	(n=133)	(n=158)	(n=165)	(n=156)	(n=137)
1위	단순 재미·흥미 68.4	단순 재미·흥미 58.2	단순 재미·흥미 57.6	현재 고민·문제 해결 53.8	현재 고민·문제 해결 56.2
2위	정신적·심리적 안정 48.1	현재 고민·문제 해결 55.7	현재 고민·문제 해결 53.3	정신적·심리적 안정 47.4	단순 재미·흥미 53.3
3위	현재 고민·문제 해결 44.4	정신적·심리적 안정 46.2	정신적·심리적 안정 47.3	중요한 결정에 참고 (사업, 진로, 결혼 등) 46.2	정신적·심리적 안정 48.9
4위	나의 성향·성격 파악 42.9	중요한 결정에 참고 (사업, 진로, 결혼 등) 38.0	중요한 결정에 참고 (사업, 진로, 결혼 등) 43.0	미래 대비 44.9	미래 대비 42.3
5위	중요한 결정에 참고 (사업, 진로, 결혼 등) 30.1	미래 대비 36.7	미래 대비 31.5	단순 재미·흥미 44.2	중요한 결정에 참고 (사업, 진로, 결혼 등) 32.1

세대별 '나의 성향·성격을 파악하기 위해' 점·운세를 보는 비율

[Base: 전국 만 15~61세 남녀 중 점·운세 경험자, n=749, 1+2+3순위 응답, 단위: %]

Z세대	후기 밀레니얼세대	전기 밀레니얼세대	X세대	86세대
42.9	31.0	30.9	26.3	21.2
(n=133)	(n=158)	(n=165)	(n=156)	(n=137)

MBTI 유형은 I-E, S-N, T-F, J-P 4쌍의 알파벳 중 1쌍에서 1개씩 조합해서 만든다. 그리고 알파벳 1쌍이 대표하는 성격 지표와 그를 구성하는 알파벳의 특징을 알고 있으면 어느 유형인지만 들어도

자기 유형화를 추구하는 Z세대

MBTI 및 유형 테스트 언급량 추이

· 기간: 2018.1.1~2022.6.30
· 채널: 커뮤니티, 블로그, 카페, 트위터, 인스타그램, 유튜브, 페이스북 · 'MBTI 유형'은 MBTI 각 16가지 유형을 키워드로 검색한 결과

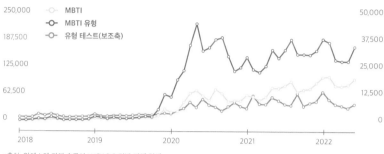

· 출처: 알에스엔 자체 솔루션 LUCY 2.0 기반 자체 검색

대충 어떤 성향인지 파악할 수 있다.

Z세대에게 '센스 있고 무해한 칭찬'을 추천해달라고 했더니 'MBTI를 활용한 칭찬법'[2]을 소개했다. "역시 N 유형, 어떻게 이런 아이디어를 생각해?"라고 한다거나 "계획대로 착착 잘하네요? 혹시 J 유형이세요?"라고 하는 식이다. 이와 같은 자기 유형화는 상징적인 특징을 부각하기 때문에 자신을 콘텐츠화하고 스스로에게 캐릭터성을 부여할 수 있다.

최근 5년간 MBTI 키워드와 성향 테스트의 언급량 추이를 보자. 중간중간 하락이 있기는 하지만 2020년부터 2022년까지 전반적으로 상승하고 있다. MBTI가 2020년대 초반을 풍미하고 있다고 해도 과언이 아니다.

이런 자기 유형화는 최근 사회 전반에 자리 잡은 갓생 트렌드와

33

맞물려 '나'라는 캐릭터를 더 선명하고 입체적으로 만들고자 하는 욕구로 이어지고 있다. 나의 정체성을 정의하고 강화하려는 현상은 과거에도 존재했다. 당시에도 다른 사람과 구분할 수 있는 차별화된 개성을 만들고 표현하고자 했다. 그때 추구했던 개성이 단면적이고 고정적이고 완성된 것이었다면 Z세대가 추구하는 캐릭터의 방향은 다면적이고 가변적이면서 과정 그 자체다. 이들은 열심히 일상을 살아가고 의미 있는 나날을 만들어가는 면모 하나하나를 중요하게 여긴다. 그 면모는 갓생답기만 하다면 외모, 취미, 취향, 직업, 지식, 과거 프로젝트 등 무엇이든 될 수 있다. 블록을 쌓듯, 포트폴리오를 채우듯 차근차근 나의 캐릭터를 풍성하게 만들고 확장해나간다. 이렇게 Z세대는 한마디로 설명할 수 없고 계속 업데이트되는 개성을 추구한다.

▼

과정은 가시화, 결과는 전문화

요즘 Z세대의 일상에서 빠질 수 없는 게 있다. 바로 '사진관에서 사진 찍기'다. 친구를 만나면 '인생네컷'과 같은 즉석 사진관이나 셀프 스튜디오에 꼭 들른다. 대학내일20대연구소의 조사 결과에 따르면 MZ세대에게 최근 3개월 내 여가에 어디를 방문했는지 묻자 Z세대 21.1퍼센트가 '사진관·포토 부스'를 방문했다고 응답했다.[3] 후기 밀레니얼세대는 9.1퍼센트, 전기 밀레니얼세대는 2.5퍼센트가 방문했다고 답한 것에 비해 월등히 높은 수치다. 선호하는 여가

핫 플레이스가 된 사진관

여가를 보낼 때 사진관·포토 부스를 방문하는 비율

[Base: 전국 만 15~41세 남녀, n=900, 복수 응답, 단위: %]

최근 3개월 내 경험

	21.1	9.1	2.5
	Z세대	후기 밀레니얼세대	전기 밀레니얼세대
	(n=351)	(n=231)	(n=318)

평소 선호하는 공간

	17.7	6.9	1.3
	Z세대	후기 밀레니얼세대	전기 밀레니얼세대
	(n=351)	(n=231)	(n=318)

핫 플레이스로 사진관·포토 부스를 방문한 비율

[Base: 전국 만 15~41세 남녀 중 6개월에 1번 이상 핫 플레이스 방문자, n=605, 복수 응답, 단위: %]

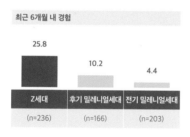

최근 6개월 내 경험

	25.8	10.2	4.4
	Z세대	후기 밀레니얼세대	전기 밀레니얼세대
	(n=236)	(n=166)	(n=203)

공간을 묻는 질문과 최근 6개월 내 방문한 '핫 플레이스'를 묻는 질문에서도 유사한 결과를 보였는데 사진관·포토 부스를 핫 플레이스로 인식한다는 점이 흥미롭다.

다음 자료를 보면 사진관에서 사진 찍기 유행도 갓생 트렌드를 따른다는 것을 알 수 있다. 처음 현상이 시작된 것은 더 오래전이지만 코로나19 유행 후 급격하게 언급량이 증가한 모습을 볼 수 있다.

사진관에서 사진 찍기 유행과 갓생 트렌드

프로필 사진 관련 언급량 추이

- 기간: 2018.1.1~2022.6.30
- 채널: 커뮤니티, 블로그, 카페, 트위터, 인스타그램, 유튜브, 페이스북

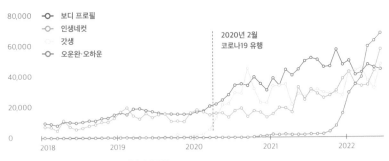

- 출처: 알에스엔 자체 솔루션 LUCY 2.0 기반 자체 검색

2021년 말 유행의 정점을 찍었던 '보디 프로필'은 갓생을 사는 나를 보여주기에 안성맞춤인 수단이다. 최소 2~3개월 동안 운동과 식이 조절을 고강도로 해야 얻을 수 있는 결과물이기 때문이다.

운동 하나쯤은 취미로 갖는 문화도 갓생 트렌드와 함께 두드러졌다. PT, 필라테스, 러닝 같은 대중적인 운동 외에도 골프, 테니스, 클라이밍, 보드, 주짓수, 프리 다이빙, 폴 댄스 등 보편적이지 않았던 종목들이 Z세대의 관심사로 대거 떠올랐다. 이들은 여러 운동을 탐색해보고 자기 성향에 맞는 것을 선택해 집중한다.

주목할 것은 어떤 운동이든 과정을 매일 기록한다는 점이다. SNS에 '오운완', '오하운'● 같은 해시태그와 함께 운동하는 사진을

● 각각 '오늘 운동 완료', '오늘 하루 운동'의 줄임말. 주로 스스로 계획한 운동을 완료하고 찍은 사진을 SNS에 업로드할 때 해시태그로 붙임

게시하기도 하고 같은 운동을 하는 크루crew ** 들이 모인 커뮤니티나 오픈채팅방에 인증샷을 공유하기도 한다. 운동 사진만 올리는 별도의 계정을 운영하는 경우도 종종 있다. 사진 기록을 중요하게 여기다 보니 회원들이 운동하는 모습을 따로 찍어주는 'F45' 같은 피트니스 센터나 운영진이 크루들의 모습을 촬영해주는 운동 모임도 등장했다.

사진으로 운동 기록을 남기는 것은 갓생의 '마일스톤milestone' 같은 역할을 한다. 마일스톤의 사전적 의미는 '이정표', '중요한 단계'다. 회사에서는 '어떤 프로젝트를 성공시키려면 반드시 거쳐야 하는 중요한 지점' 또는 '업무의 방향성과 진행 중 이상 유무를 점검하는 지점'이란 의미로 사용한다. 운동을 사진으로 기록하는 것은 오늘 내가 부여한 미션을 달성했다는 것을 의미한다. 그리고 매일 목표를 이룸으로써 운동을 지속할 원동력을 얻는다. 앞서 언급했던 보디 프로필을 반복해서 찍는 경우도 마찬가지다. 촬영을 '꾸준히 운동하기'라는 프로젝트를 포기하지 않고 지속하기 위한 마일스톤으로 삼는 것이다.

스스로 얼마나 발전했는지 더 잘 점검하기 위해 과정을 가시화하기 좋은 운동을 선택하기도 한다. 클라이밍처럼 매일 다른 코스를 완수할 수 있는 운동이나 보드처럼 점점 어려운 기술을 익힐 수 있는 운동이 그 예다. 거리 기록이 남는 러닝 역시 과정을 눈으로 확인하기 편한 운동이다.

** 공통의 목적을 위해 모인 집단 혹은 그 구성원. 그룹, 멤버와 비슷한 의미로 MZ세대가 취미 활동 모임의 구성원을 일컬을 때 자주 사용하는 말

과정을 꾸준히 기록하는 것은 나의 캐릭터를 드러내는 포트폴리오가 된다. 나는 이 운동의 '덕후'임을 보여줄 수 있을 뿐만 아니라 기록이 쌓이면 이 분야의 '잘알'●이라는 포트폴리오가 된다. 좋은 예로 폴 댄스는 '인생샷'을 남기기 좋다는 점 때문에 최근 Z세대가 관심을 갖는 운동이다. 보디 프로필처럼 폴 댄스하는 모습을 촬영한 사진을 '폴 프로필'이라고 하는데 멋진 폴 프로필을 남길 수준이 되려면 시간을 투자해야 한다. 누구나 폴 댄스를 시작할 수 있지만 폴 프로필을 찍을 경지에 도달하기는 쉽지 않아서 한결같은 노력과 나만의 개성을 모두 보여줄 수 있다.

Z세대는 스포트라이트를 받는 데 주저하지 않는다. 이전 세대가 집단 속의 개인으로서 남들과 다른 나를 추구했다면 Z세대는 집단을 떠나 무대에 올라 나를 표현하는 데 몰두한다. 그 예로 최근에는 개인 화보가 인기를 얻고 있다. 주로 연예인, 인플루언서처럼 대중 앞에 서는 직업을 가진 이들을 주인공으로 하던 화보를 일반인이 찍기 시작했다. 생일, 졸업, 크리스마스 등 특별한 날에는 스냅 사진작가에게 촬영을 의뢰하기도 한다. 유튜브에 '개인 화보 브이로그'를 검색하면 일반인의 화보 촬영 과정과 후기를 담은 영상, 작가나 스튜디오 추천 영상이 많이 뜬다. 인스타그램에서도 '#개인화보', '#일상스냅' 같은 해시태그가 달린 게시글을 쉽게 찾아볼 수 있다.

사진은 나의 다양한 면모를 드러내고 일상을 열심히 가꾸는 과정을 기록하기에 유용한 수단이다. 그리고 Z세대는 꾸준하게 노력

●'잘 안다'는 것의 줄임말. 'OO잘알'이라고 하면 'OO'를 잘 아는 사람을 의미

적극적으로 개인 화보를 찍는 Z세대_순서대로 인스타그램 sorirla, physique_hamin

해 빚어낸 모습을 전문 장비나 전문가의 손길로 담아내 최고의 결과물을 만든다. 오늘의 모습을 모아 '선명하고 입체적인 나'를 그려내는 것이다.

▼

직업보다 커리어, 수직적 성장에서 수평적 성장으로

대학내일20대연구소는《밀레니얼-Z세대 트렌드 2022》에서 Z세대를 멀티플리스트로 명명하며 개인의 재능 하나하나가 모두 소득 창출 수단이 될 수 있다고 소개했다. 과거에는 직업을 갖기 위해 지식을 축적하고 사회에서 요구하는 '스펙'을 만드는 것에 집중했다면 Z세대는 다양한 재능과 개성을 활용해 자신만의 콘텐츠를 만들고 여러 가지 일을 한다. 지금까지 일의 개념이 오랫동안 어떤 한 분야에 몸담는 것에 가까웠다면 멀티플리스트인 Z세대에게 일은 자신이 가진 역량을 활용해 작업한 여러 프로젝트의 집합, 즉 포트폴리오에 가깝다고 할 수 있다.

Z세대의 직업관을 단순히 N잡러나 제너럴리스트generalist로 설명하는 것은 적절하지 않다. Z세대에게는 한 사람의 직업이 와인 모임을 운영하며 와인에 관한 책을 쓴 와인 덕후인 동시에 취미를 소재로 책을 출판하는 노하우를 전수하는 유튜버 네이버 스마트스토어로 마카롱을 파는 마카롱 가게 사장일 수 있다.

'융덕'이란 유튜버가 좋은 예다. 융덕은 Z세대가 애용하는 쇼핑몰인 에이블리에 입점한 '오리상점'의 운영자다. 동시에 융덕이라는 계정을 운영하는 일상 브이로그 유튜버 '마라덕'이라는 별도의 계정을 함께 운영하는 마라탕 먹방 유튜버. 마라탕을 너무 좋아한 나머지 최근 '홍주방'이라는 마라탕 프랜차이즈 가게를 열었다. 융덕의 인스타그램 프로필에는 비디오 크리에이터, 마라덕 베스트 프렌드, 홍주방 김포 구래점 사장, 오리상점이 모두 기재돼 있다. 그중 무엇이 본업이고 무엇이 부업이라고 딱 잘라 구분할 수 없다. 융덕은 2022년에 4개 프로젝트를 운영하는 사람인 것이다.

이처럼 Z세대의 일은 하나로 설명할 수 없고 계속 업데이트된다.

따라서 '직업을 갖는다'보다는 '커리어를 쌓는다'고 표현하는 것이 더 적절하다.

Z세대에게는 성장의 의미도 다르다. 대부분이 한 직장 또는 한 분야에 오랫동안 종사하던 시대에 성장이란 위쪽으로의 이동을 의미했다. 한 직장에서 승진을 거듭해 임원이 되는 것이나 한 분야에서 최고의 전문성을 인정받는 것이 성장이고 목표였다. 반면 Z세대에게 성장은 옆으로, 입체적으로 확장해나가는 것이다. 내가 좋아하는 분야를 열심히 파고들고 나의 재능을 이용해 여러 가지 프로젝트에 도전하면서 경험을 넓히는 것이 성장의 의미자 추구하는 삶의 방향이다.

더 선명하고 입체적으로 만들어가는 나

그 어느 때보다도 개인의 존재감과 캐릭터가 중요한 시대다. Z세대의 직업관, 소비문화, 콘텐츠 향유 방식에서 하이퍼 퍼스낼리티를 극대화하려는 시도가 계속되고 있다.

우선 직업관에서는 일부터 취미에 이르기까지 다양한 경험을 계속해 이직, 전직, 창직創職을 하며 커리어를 쌓아나가는 모습이 눈에 띈다. 또 이런 커리어 개발 과정을 돕는 직업도 등장했다.

소비문화에서는 나를 계속 채우고 만들어갈 수 있는 소비를 지향한다. 순간의 만족으로 끝나기보다 나와 내 삶에 축적되며 가치가 점점 더 커지는 것들을 선택한다.

한편 콘텐츠를 향유할 때는 전체 줄거리를 따라가기보다는 등장하는 캐릭터의 특성에 집중한다. 이 때문에 최근 들어 캐릭터를 중심으로 서사를 전개하고 세계관이 확장되는 콘텐츠가 인기를 얻고 있다. 뜨는 콘텐츠의 문법이 바뀐 것이다.

이제 더 다양한 분야에서 Z세대가 선명하고 입체적인 나를 어떻게 만들어가는지 자세히 살펴보자.

ISSUE 2.

포트폴리오 세대
portfolio generation

수직적 성장이 아닌
수평적 성장으로
커리어 포트폴리오를
확장하는 Z세대

코로나 팬데믹 이후 미국과 유럽에서는
자발적 퇴직자가 급격히 증가하는
'대 퇴직 시대The Great Resignation'가
반년 넘게 이어지고 있다.
코로나19가 소강세로 접어들고 경제가 다시 살아나면
원래 자리로 돌아올 것으로 예상했으나
돌아오기는커녕 오히려 자발적인 퇴사자가 더 늘었다.
우리나라도 이와 유사한 흐름이 나타났다.
특히 IT업계를 중심으로 이직이 활발해졌다.
초단기 근로자를 뜻하는
'긱워커gig worker' 같은 유연한 일자리도 증가했다.
이런 가운데 대기업, 공기업, 정부는
모두 입사한 지 얼마 되지 않은 사원급, 대리급 직원의
높은 퇴사율과 이직률 때문에 깊은 고민에 빠졌다.
대 퇴직 시대라는 말에 빗대어
'대 이직 시대'라는 말까지 나오고 있다.
대 이직 시대, 직장을 떠나는 Z세대는
어떤 생각을 하고 있을까?
이들은 직장을 선택할 때 무엇을 중요시할까?
90년생을 넘어 00년생 Z세대 신입 사원이 등장한 지금,
Z세대의 직업관을 하나씩 들여다보자.

CHAPTER 3

Z세대 직장인의 셀프 브랜딩, 커리어 포트폴리오career portfolio

"앞으로의 세상은 커리어 패스career path 대신 커리어 포트폴리오를 만들
어야 한다." _에이프릴 린네April Rinne[4]

2021년 10월 〈하버드 비즈니스 리뷰〉는 사다리를 오르듯 위로
성장하기 위해 경험을 밟아나가는 커리어 패스 대신 다양한 역량
과 경험을 모두 펼쳐놓고 필요할 때 유용하게 조합할 수 있도록 커
리어 포트폴리오를 추구해야 한다고 이야기했다. 즉, 회사가 부여
한 과업을 성실하게 수행하겠다는 수직적인 목표뿐만 아니라 회사
에 얽매이지 않고 개인의 다양한 경험을 넓히겠다는 수평적인 목
표를 함께 세워야 한다는 것이다.

이는 Z세대 직장인의 모습과 매우 유사하다. 회사 업무는 물론

Z세대 개발자 A씨의 커리어 포트폴리오 맵

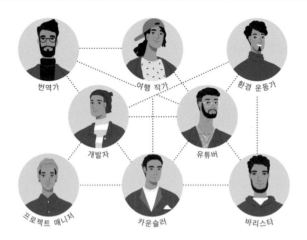

사이드 프로젝트*, 취미, 여가 활동까지 커리어가 될 수 있다고 생각하고 그 경험을 모아 나만의 포트폴리오를 구성한다. 경력을 정리하는 데서 나아가 무엇이 부족하고 필요할지를 파악해 차별화된 커리어를 만들어나간다.

과정형 인플루언서를 자기계발 롤 모델로

요즘 Z세대는 어떤 분야의 인플루언서를 좋아할까? 아마 게임, 뷰

• 혼자 또는 팀을 꾸려 본업 외의 일을 프로젝트 단위로 진행하는 것

티, 먹방, 일상, 요리, 토크 등 다양한 분야의 인플루언서가 있을 것이다. 재테크 열풍이 일었던 2020~2021년에는 재테크·경제 분야 인플루언서도 제법 인기를 얻었다. 2022년 들어서는 유독 자기계발 분야 인플루언서에 대한 선호도가 높아졌다.

주목할 점은 Z세대가 생각하는 자기계발 인플루언서는 처세술, 인간관계, 성공학 등 보통 자기계발 하면 떠오르는 주제를 직접적으로 다루는 사람이 아니라는 것이다. 일상, 지식, 재테크, 운동 등의 분야에서 활동하는 인플루언서를 자기계발 인플루언서로 여기는 경우가 많다. Z세대는 본인과 비슷한 고민을 하는 크리에이터가 살아가는 모습을 보면서 동기부여를 받는다. 대표적인 예로 '딤디', '새니', '김짠부' 등이 있다.

> "딤디 님은 마인드와 패션까지 너무 닮고 싶은 유튜버예요. 뭐든 뚝딱해내는 게 대단하고 말도 재밌게 해서 딤민수(딤디+손민수^{••})하고 싶어요! 특히 목표가 생기면 이뤄내려고 꾸준히 노력하는 모습이 멋있어 보였어요. 나도 같이 에너지를 얻기도 했고요." _제트워크^{•••} 시즌 5 참여자 방국봉 (A1083)

딤디는 원래 하루하루 살아가는 모습을 담담하게 기록한 영상이 특징인 일상 브이로그 유튜버. 일찍 일어나고 열심히 식사를 챙겨 먹고 부지런히 하루를 보내는 모습에 동기부여가 된다는 의견

•• 다른 사람을 부러워하고 따라 하는 행위로 '손민수하고 싶다'는 따라 하고 싶다는 뜻
••• 대학내일20대연구소에서 운영하는 Z세대 트렌드 커뮤니티

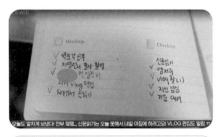

새니의 취준생 일상 브이로그와 댓글_
유튜브 새니 SENI

이 많다.

취준생 일상 브이로거에서 직장인 브이로거가 된 유튜버 새니도 비슷하다. 수년간 취업을 준비하면서 겪은 여러 번의 시행착오에도 무너지지 않고 경험을 발판 삼아 단단해져가는 그의 모습을 본받고 싶어 하는 Z세대가 많다.

김짠부는 Z세대에게 인기 있는 재테크 유튜버다. 그는 욜로족이었다가 '프로 저축러'가 됐다. 경제·재테크 분야의 인플루언서가 거시적인 경제 지식이나 돈을 불리는 노하우를 주로 다루는 것과 달리 지출 관리법, 재테크 지식 없이도 돈 모으는 법 등 학생, 사회 초년생에게 필요한 노하우를 알려준다.

이들에 관해 Z세대가 공통적으로 말하는 키워드를 추려보면 동기부여, 자극, 손민수 등이 있다. 갓생을 살기 위해 노력은 하지만 꾸준히 지속하기가 쉽지 않을 때, 도전하고 싶지만 용기가 나지 않을 때마다 이들을 보며 마음을 다잡고 목표를 실천하게 된다는 것이다. 이미 괄목할 만한 성공을 이뤄낸 사람들의 조언을 찾는 것이 아니라 현재진행형으로 자기 삶을 꾸려나가는 사람들을 보며 걱정을 덜고 용기를 얻고자 한다. 과거에는 누군가의 결과가 롤 모델이었지만 지금은 누군가의 과정이 롤 모델이다. Z세대는 이들을 페이스메이커 삼아 달리고 있다.

Z세대는 멘토링이 아닌 코칭을 원한다

누군가의 결과가 아닌 과정을 롤 모델로 삼는다는 것은 Z세대가 멘토링이 아닌 코칭을 필요로 한다는 것을 의미한다. 만약 결과를 롤 모델로 삼는다면 이미 성공을 이룬 이의 가르침을 따라가면 되지만 과정을 함께할 페이스메이커를 롤 모델로 삼을 때는 다르다. 스스로 나의 강점과 약점을 발견하고 해결책을 찾을 수 있도록 이끌어줄 코치가 필요하다.

　최근 전문적으로 커리어를 코칭해주는 직업이 등장했다. '모티베이터', '커리어 액셀러레이터' 등이 그 예다. 처음 이 단어를 들으면 무슨 일을 하는지 상상하기 어렵다. 헤드헌터를 떠올릴 수도 있겠지만 사실 그와는 완전히 다른 직업이다. 헤드헌터가 구인자와 구직자를 연결해주는 소개자, 안내자라면 이들은 고객의 커리어를

❶ 커리어 엑셀레이터 김나이의 프
로필_폴인
❷ 신입 사원의 직장 생활 팁을 알려
주는 영상_유튜브 퇴사한 이형

함께 만들어나가는 코치의 역할을 수행하고 있다.

예를 들어 '온슬'은 퍼스널 브랜딩, 강점 코칭을 해주는 모티베이
터다. 고객이 어떤 장점이 있고 어떤 파트너나 동료를 만나면 역량
을 더 잘 발휘할 수 있는지 등을 알려준다. 커리어 엑셀레이터 '김
나이'는 금융권 근무 경력을 바탕으로 산업과 기업의 최신 동향을
분석해 고객의 커리어를 맞춤형으로 설계해준다. 그에 따르면 개

러닝 전도사 안정은의 사진과 인스타
그램 프로필_인스타그램 totoolike

인마다 처한 상황이 모두 다르기 때문에 주로 일대일로 컨설팅을
진행한다고 한다. 커리어 트레이너 '퇴사한 이형'은 인사담당자와
스타트업 대표 경력을 바탕으로 직장인의 고민을 해결해준다. '트
래커스'라는 직장인 커뮤니티에서 공동의 목표를 달성하도록 동기
를 부여하기도 한다.

이들은 모두 고객의 커리어 설계를 돕는 것 같지만 자신이 하는
일을 각자 다르게 정의한다. 문제에 접근하는 방식도 조금씩 다르
다. 그리고 Z세대는 이런 코칭을 통해 자신만의 커리어를 개척한
다. 실제로 경력을 독창적으로 해석해 새로운 직업을 만드는 창직

51

사례가 늘어나고 있다.

'러닝 전도사 안정은'이 좋은 예다. 그는 퇴사 후 우울증, 불면증, 대인기피증 등을 극복하기 위해 달리기를 하다가 인생의 의미를 되찾았다. 그리고 달리기를 통해 긍정적인 영향력을 전파하는 '러닝 전도사'라는 직업을 창직했다. 러닝 크루 운영, 러닝 강습, 러닝 이벤트 기획 등 달리기와 직접적으로 관련된 업무뿐만 아니라 스포츠 브랜드 모델, 출판, 강연 등 달리기를 중심으로 커리어 포트폴리오를 넓게 확장하고 있다.

Z세대는 이렇게 평소 좋아하고 관심을 가지던 분야를 직업으로 만든 사람들을 레퍼런스로 삼아 본인의 새로운 가능성을 탐색한다. 평생직장과 평생직업이 있었던 시대에는 몸담은 회사나 분야의 성공한 선배를 롤 모델로 삼고 따랐다. 반면 지금은 적극적으로 직장을 옮겨 다니고 직업을 바꾸고 여러 가지 일을 동시에 하는 시대다. 그렇다 보니 한 분야에서 정점을 찍은 멘토보다는 다양한 일을 하며 살아가는 또래의 사례들을 참고하는 것이다. 여기서 중요한 점은 타인의 방식을 그대로 따르는 것이 아니라 여러 가지 삶의 방식을 탐색하고 응용해 나에게 적합한 포트폴리오를 만들어가고자 한다는 점이다.

CHAPTER 4

Z세대에게 직장은
커리어 경험을 위한 플랫폼

2018년 1990년대생을 분석한 임홍택 작가의 책《90년생이 온다》
(웨일북, 2018)가 몇 주간 베스트셀러를 기록했다. 이와 함께 MZ세대
직원이 인사 관리의 핵심 대상으로 떠올랐다. 여러 회사에 신규 직
원이 조직에 잘 적응할 수 있도록 돕는 제도, 세대 간에 자유롭게 소
통하게 하는 리더십 프로그램 등 조직 문화 관리를 위한 다양한 장
치가 우후죽순 만들어졌다. 입사부터 퇴사까지 전 과정에서 직원
들에게 다채로운 EXEmployee Experience, 직원경험를 제공하겠다는 취
지였다. 일부 기업은 인사팀의 명칭을 피플팀, 컬처팀, 행복경영팀
등으로 바꾸거나 조직 문화 관리를 전담하는 팀을 신설했다. 직원
을 관리의 대상으로 보는 게 아니라 파트너로 여기고 직원의 행복
을 위해 적극 나서겠다는 의사를 표현하기도 했다.

이런 변화의 연장선으로 최근 취업 시장에서는 본인에게 잘 맞
는 조직 문화를 가진 회사를 찾기 위한 이직과 퇴사가 한 트렌드가

됐다. 그 예로 카카오 직원들의 평균 근속 연수가 2020년 6.3년이었던 것에 비해 2021년 4.9년으로 줄었다[5]는 기사가 화제였다. '신의 직장'이라고 불리던 한국은행의 2012~2021년 중도 퇴직자가 311명에 달하며 그중 20대가 36명, 30대가 99명[6]으로 절반 가까운 비율을 차지하고 있다는 소식도 사회적으로 파장을 일으켰다.

7급 공무원의 시험 경쟁률은 2010년 115.4:1에서 2022년 42.7:1로 크게 하락해 43년 만에 최저치를 기록했고[7] 기획재정부 1년 차 사무관이 IT 기업으로 이직한 사례도 있었다.[8] 사정이 이렇다 보니 대기업, 공기업, 공무원 등 조직 유형과 상관없이 회사의 고민이 깊어지고 있다.

더 좋은 직장을 찾아 떠나는 젊은 직원들을 손 놓고 바라보는 수밖에 없을까? 이런 상황에 대비하려면 레퍼런스를 탐색하며 나만의 커리어 포트폴리오를 채워나가는 Z세대의 직업관을 정확하게 이해해야 한다. 원하는 경험을 쌓을 수 있다면 거리낌 없이 이직하는 그들의 심리를 더 자세히 들여다보자.

입사하자마자 이직준비생이 되는 이유

Z세대 신입 사원은 지금 합격한 직장을 얼마나 다닐 것이라고 생각할까? 대학내일20대연구소가 전국 4년제 대학교의 3학년 이상 미취업자 중 취업 준비 경험이 있는 1120명을 대상으로 조사한 결과[9]에 따르면 첫 직장에서 3~5년간 근무할 것이라고 생각하는 사람이

34.8퍼센트로 가장 많았다. '1~3년'이라고 답한 비율은 23.0퍼센트였다. 두 항목을 합하면 첫 직장의 예상 근속 연수를 5년 미만으로 답한 응답자가 절반 이상이었다. '경력을 쌓은 후 다른 회사에 중고 신입*으로 입사할 의향이 있느냐'는 질문에는 75.2퍼센트가 긍정적으로 답했고 '경력직으로 이직할 의향이 있느냐'는 질문에는 73.4퍼센트가 긍정적으로 답했다. 이처럼 Z세대 직장인은 자신을 '이준생(이직준비생)'이라 정의하며 근속 연수와 상관없이 이직에 우호적이다.

이는 최근 채용 문화의 변화가 한몫했다. 최근 3년간 채용 시장에서는 경력 채용이 매우 활발해졌다. 취업 정보 제공 플랫폼 진학사 캐치에 따르면[10] 2021년 경력직 채용 공고는 2만 3451건으로 2019년 1만 651건보다 2.2배 늘었다. 2021년 신입 채용 공고는 7171건으로 2019년 4309건과 비교하면 1.7배 증가했다. 둘을 비교하면 상대적으로 경력직 채용이 더 많다는 것을 알 수 있다. 그뿐만 아니라 SK그룹, LX인터내셔널, 카카오뱅크, 토스, 네이버 파이낸셜, 마켓컬리 등 여러 기업에서는 다른 회사에 재직 중인 경력 3년 미만의 주니어급을 채용하는 전형을 실시하고 있다. 바로 실무에 투입할 수 있는 경력직은 아니지만 기본적인 직무 역량과 사회생활 경험이 있으면서 성장 가능성도 높은 인재를 찾는 것이다. 그전까지는 중고 신입의 경우 과거 경력을 인정하지 않고 신입 사원으로 대우했지만 해당 전형으로 입사한 직원은 경력을 인정한다고

• 현재 회사에 다니고 있거나 경력이 있는 사람이 다른 기업의 신입으로 지원하는 것

취준생이 생각하는 이직의 이미지

[Base: 제트워크 시즌 6 참여자 중 취업 준비를 경험한 남녀, n=76, 주관식]

향상된 조건으로 이동	성장을 체감
• 더 높은 급여 • 더 나은 조직 문화 • 더 좋은 근무 환경	• 내가 쌓은 커리어와 전문성 확인 • 내 노력과 능력에 대한 인정 • 목표에 더 가까워지는 것

한다. 이런 변화를 겪은 Z세대는 '짧더라도 어떻게든 직무 경험을 쌓아서 다른 기업으로 이직하자'고 생각하게 됐다.

이직에 대한 인식도 변화했다. 과거에는 한 회사에서 몇 년을 다니지 않고 여러 번 이직하는 것을 부정적으로 여겼다. "최소 3년은 버텨라", "근무 기간이 짧은 경력은 이력서에 적지 말라" 같은 조언이 유효했다. 그런데 현재 Z세대는 오히려 이직을 긍정적으로 바라본다. 대학내일20대연구소가 2022년 7월 Z세대 취준생 76명을 대상으로 이직에 대한 생각을 물었더니 성장, 자기계발, 기회, 발전, 도약, 능력, 필수 코스 같은 단어가 자주 언급됐다. Z세대에게 이직

Z세대는 어떤 회사를 선호할까?

입사 결정에 영향을 미치는 요인 TOP 10

[Base: 전국 4년제 대학교 3학년 이상 미취업자 중 취업 준비 경험자, n=1120, 5점 척도, 긍정응답률(Top 2%), 단위: %]

차원	입사 결정에 영향을 미치는 요인	전체
급여·복리후생	성과에 합당한 보상을 제공하는지	85.2
급여·복리후생	향후 급여 상승률이 높은지	82.3
기업 이미지	향후 성장과 발전 가능성이 높은 기업인지	81.1
인사·고용	공정한 평가와 승진이 이뤄지는지	80.4
직무·성장	내 능력을 발전시킬 기회가 있는지	79.2
조직 문화	필요할 때 휴가를 자유롭게 사용할 수 있는지	77.1
인사·고용	오래 근무할 수 있는지	76.9
인사·고용	채용과정이 공정하고 투명하게 이뤄지는지	76.3
근무 환경	회사의 위치가 통근하기 편리한지	76.3
기업 이미지	사회적 인식이 좋은 기업인지	76.2
직무·성장	내 전공 또는 관심사에 적합한 일을 할 수 있는지	76.2

은 현재보다 더 나은 환경을 찾아나서는 자연스러운 과정이다. 나아가 이들은 이직을 전문성·노력·능력을 인정받는 것, 자신의 목표에 가까워지는 것 등 성장을 체감할 수 있는 기회로 여긴다. 이런 인식 때문에 Z세대가 그 어떤 세대보다도 적극적으로 이직을 준비하고 시도하는 것이다.

이직에 대한 인식과 구직 환경의 변화는 입사할 회사를 결정하는 데도 영향을 미쳤다. 대학내일20대연구소의 조사 결과[11]에 따르면 Z세대의 입사 결정에 영향을 미치는 요인은 성과 보상(85.2%), 급여 상승률(82.3%)에 이어 기업의 성장과 발전 가능성(81.1%), 공정한 평가와 승진(80.4%), 개인 능력 발전의 기회(79.2%) 순으로 긍정응답률(Top 2%)이 높았다. 이는 어떤 회사에 입사할지를 결정할 때 기업의 성장과 개인의 성장 모두를 중요하게 고려한다는 뜻으로 Z세대가 자신을 발전시킬 수 있는 기업에 입사하기를 얼마나 희망하는지를 보여준다.

▼

스마트하게 이직하는 방법

이직을 계획할 때는 입사하고 싶은 기업에 관한 정확한 정보를 많이 얻을수록 입사 후 만족도가 높다. 그렇지만 그 기업에 재직 중인 지인이 있는 것이 아닌 이상 구체적인 정보를 찾기 쉽지 않다. 그래서 Z세대는 블라인드, 리멤버 등 직장인 커뮤니티에서 필요한 정보를 찾는다.

대학내일20대연구소의 취업 관련 조사 결과[12]에 따르면 근무 환경이나 회사 분위기 등 기업에 관한 정보를 확인할 때 가장 유용한 채널로 '직장인 커뮤니티'를 꼽는 비율이 2020년 11.3퍼센트, 2021년 21.1퍼센트, 2022년 28.7퍼센트로 매년 증가하고 있다.

Z세대는 직장인 커뮤니티에서 이직을 고려하는 팀이나 부서의 분위기, 복지 혜택, 그 기업에서의 경력이 추후 이직에 얼마나 유리한지 등 재직자만이 알 수 있는 자세한 정보를 얻는다. 즉, 직장인 커뮤니티를 불만과 속마음을 토로하는 장으로만 이용하는 게 아니라 이직 정보를 참고할 채널로도 활용하는 것이다.

최근에는 재직자와 차 한잔하며 대화를 나누는 '커피 챗coffee

커피챗 with ████████
영어영문학과 | 학사

███████ 님의 사전 질문

1. 디지털 마케터의 직무 역량 중 가장 중요한 게 무엇인가요?
(기획력 VS GA, 페이스북 비즈니스 등으로 SEO해서 광고를 집행해본 경험 중)

2. 디지털 마케터로서 독보적인 커리어를 쌓아가기 위해서는 어떤 역량을 키워가야할까요?

3. 면접관의 관심을 끄는 포트폴리오는 어떤 것인지 궁금합니다.
(가능하시다면, 제 자소서와 포트폴리오 피드백을 해주실 수 있을까요?)

커피챗 후기 전체 보기

다른 신청자들은 ████님을 이렇게 설명했어요.

친절한 준비된 논리적인

대학내일과 직무에 대해서 더 깊이 알 수 있었던 시간이었습니다. 🙏 대학내일에 대해서 나름 잘 알고 있다고 생각했는데, 생각보다 모르고 있었던 점이 많아서 더 공부해야겠다! 라는 생각이 들었습니다

██ 22년 04월 03일

커피챗 앱 내 사전 질문 및 후기_대학내일 직원

chat'* 문화도 활발해졌다. Z세대는 자신이 관심 있는 분야나 기업에서 일하는 사람에게 적극적으로 커피 챗을 요청해 기업 정보는 물론 커리어 전반에 걸쳐 조언을 얻고자 한다. 제안을 거절당하더라도 망설이지 않는다.

최근에는 커피 챗을 더 편하게 할 수 있도록 사람들을 연결해주는 앱도 등장했다. 서로 익명이 보장된 환경에서 해당 기업에 관심 있는 취준생은 궁금한 것을 자유롭게 질문하고 전·현직자는 지식을 나누며 리워드를 얻는 시스템이다. 이렇게 Z세대는 커리어 플랫폼을 통해 임직원이 알려주는 신뢰도 높은 정보를 수집해 이직 성공률을 높이고 있다.

자신의 관심사를 중심으로 플랫폼에서 사람을 찾아 함께 프로젝트를 진행하거나 인맥을 넓히기도 한다. 트위터에서 '#개발자_트

• 궁금한 업계의 종사자를 실제로 만나서 차를 마시며 부담 없이 정보를 묻고 답하는 것

사이드 프로젝트를 찾거나
만드는 플랫폼_커리어리

친소', '#디자이너_트친소' 등 '#직업_트친소' 형태의 해시태그를
이용해 사이드 프로젝트 팀원을 구하고 직무 경험을 쌓는 문화가
대표적이다. 본인의 경력이나 업무 능력을 SNS에 게재하고 상대방
의 프로필을 확인하며 협업할 팀원을 구하는 것이다. 그렇게 자연
스럽게 함께 성장할 동료, 선후배 등을 만들어나간다.

　이런 흐름을 반영해 직장인 콘텐츠 플랫폼 퍼블리가 서비스하는
SNS '커리어리'에도 사이드 프로젝트 라운지가 생겼다. 커리어리
에서는 재직 중인 회사나 직무를 적은 프로필을 바탕으로 간편하
게 동료를 구할 수 있다. 이처럼 Z세대는 플랫폼을 활용해 이직에
필요한 정보나 경험을 똑똑하게 얻어내는 세대다.

CHAPTER 5

Z세대는
어떤 회사에서
실력을 발휘할까

평생직장의 시대에 직장인들은 고용안정성을 무엇보다 중요하게 여겼다. 그러다 보니 동료와 맺는 관계, 의사 결정 체계, 소통 방식 등 회사 생활 전반에서 안정을 추구했다. 복지 제도 역시 근속 혜택에 초점을 맞췄다.

물론 지금도 고용안정성은 중요하다. 그러나 Z세대는 이 회사에 얼마나 오래 머무를 수 있느냐보다 지금 이 경력이 향후 커리어에 얼마나 가치 있느냐를 기준으로 회사를 평가한다. 또 의사 결정 체계, 개인 성장의 기회, 평가 방식의 공정성, 위기 대응 능력 같은 다양한 요건을 고용안정성만큼이나 비중 있게 살펴본다. 즉, 어떤 회사를 선택하고 그곳에 얼마나 머무를지를 결정할 때 일하는 과정에서의 만족감을 중요한 요소로 여긴다.

이런 변화로 인해 기업은 Z세대를 어떻게 오래 붙잡아둘지보다 어떻게 이들이 조직 내에서 실력을 발휘할 수 있도록 만들지 고민하게 됐다. 그리고 Z세대 직장인에게 근무 시간, 근무 장소, 업무 방식, 소통과 결정 체계 등에서 유연성을 마련해줄 때 가장 좋은 성과가 나온다는 결론을 내렸다.

일에만 집중할 수 있는 유연한 근무 환경이 곧 복지

코로나19는 기업들이 오랫동안 이어온 근무 체계와 업무 방식의 가치를 깨뜨렸다. 일을 하기 위해 반드시 같은 시간, 같은 장소에 물리적으로 모여 있을 필요가 없다는 점을 일깨운 것이다. 직군 및 직무에 따라 또는 개인별로 업무 생산성을 높이는 최적의 방식이 다르다는 공감대가 사회적으로 형성됐다. 일하는 방식을 하나의 기준으로 통일하기보다는 개개인의 특성에 맞춰 생산성을 최대한으로 끌어올릴 방법을 고민할 시점이 온 것이다.

그 결과 9시부터 18시까지라는 전통적인 방식이 아닌 선택적 근로 시간제, 시차 출퇴근제, 자율 출퇴근제 등 근무 시간의 유연성을 추구하는 기업이 많아졌다. 여기에 더해 주 52시간 근무제가 도입되면서 근무 시간과 업무 성과의 상관관계에 대한 인식이 빠르게 바뀌었다. 짧게 일하더라도 스스로 업무 생산성을 높여서 책임을 다하고 성과를 내기만 한다면 괜찮다는 공감대가 확산됐다.

"월요일 5시 퇴근! 갑자기 시간을 선물 받은 기분입니다."
"넷플릭스 1.5배속 보기처럼 일해야겠어요."[13]

주 32시간 근무제를 시행한 첫날 우아한형제들 직원들의 후기다. 배달의민족 앱을 운영하는 우아한형제들은 2015년 주 37.5시간(주 4.5일) 근무제 도입을 시작으로 2017년 주 35시간 근무제를 시행했고 2022년에는 3시간을 더 단축한 주 32시간(주 4일) 근무제를 본격적으로 시작했다.

우아한형제들뿐만 아니라 휴넷(주 4일제), 세브란스병원(주 4일제), CJ ENM(주 4.5일제) 등 여러 기업이 주 4.5일제나 주 4일제를 시행하며 근무 시간을 줄이고 있다. 이 기업들의 임직원은 공통적으로 "휴식 시간이 길어지니 업무 시간에 집중도가 더 높아진다"라고 이야기했다. 근무 시간을 단축한 기업의 입사 경쟁률은 날로 높아지고 있는데 이는 Z세대가 얼마나 업무 생산성이 높은 회사에서 일하고 싶어 하는지를 보여준다.

일하는 장소에 대한 인식도 변화하고 있다. 코로나19로 인해 재택근무를 경험하면서 많은 직장인이 사무실에 꼭 출근하지 않아도 충분히 일할 수 있다는 것을 깨닫게 됐다. 그 후 상황과 필요에 따라 자유롭게 근무지를 선택할 수 있는, 장소의 유연성을 가진 기업에 대한 선호도가 높아지고 있다. 2022년 5월 네이버는 제2사옥을 준공하고 전 직원 4700여 명을 대상으로 '전면 재택근무'와 '주 3일 이상 사무실 출근' 투표를 진행했다.[14] 그 결과 전면 재택근무를 선택한 직원이 55퍼센트, 주 3일 이상 출근을 선택한 직원이 45퍼센트로 나타났다. 직무나 개인의 성향에 따라 선호하는 근무지가 나뉜 것이다.

근무 장소 선택이 가능해지면 업무에 집중하면서도 일상에 충분

곡성에서 워케이션을 즐기는 모습_순서대로 신지연, 김민경

히 투자하며 워라블*을 이룰 수 있다. 대표적인 예가 휴양지에 머물며 원격으로 일하는 근무 형태인 '워케이션workation'이다. 제주, 해운대, 강릉, 속초 등 퇴근 후에 바로 기분 전환을 할 수 있는 장소에서 일하며 그때그때 스트레스를 해소하는 것이다. 이런 흐름에 따라 국내뿐만 아니라 해외 원격 근무까지 허용하는 '근무지 자율 선택제'를 채택하는 기업도 생겨나는 추세다.

• '워크-라이프 블렌딩work-life blending'의 줄임말. 일상의 큰 비중을 차지하는 일과 개인의 삶 둘 다 조화롭게 행복을 추구하려는 라이프 스타일

일부 기업들은 임직원의 업무 생산성을 높이기 위해 웰빙, 식사, 주거 등을 지원하는 라이프 케어life care 복지를 제공한다. 임직원이 일에만 집중할 수 있도록 일상을 챙겨주는 것이다. 금융 플랫폼 토스의 복지 핵심 방향인 "일 외에는 아무것도 신경 쓰지 않아도 괜찮아요. 당신의 모든 생활을 회사가 책임집니다"라는 문구를 보면 이를 쉽게 이해할 수 있다. 이처럼 IT 기업과 스타트업을 중심으로 가사 청소, 반찬 구독, 반려동물 보험 등 임직원의 삶과 관련한 복지를 제공하는 기업이 늘어나고 있다. 일과 삶을 모두 조화롭게 챙겨야 하는 Z세대 입장에서는 일상의 어려움을 해결해주는 회사에 매력을 느낄 수밖에 없다.

▼

Z세대 직원에게 책임과 권한을

2022년 우리은행에서는 창립 123년 만에 처음으로 사원급 팀장이 탄생했다.[15] 우리은행뿐만 아니라 최근 여러 기업에서 1990년대생을 팀장이나 임원에 앉혔다는 소식을 접한다. 또 저연차 직원에게 온전히 프로젝트를 맡겨 크게 성공한 경우도 자주 나타난다.

회사에서 부여받은 책임과 권한을 통해 자율성을 얻은 1990년대생이 시대의 흐름을 읽고 시장을 주도해 성과를 낸 사례는 조직구성이나 의사 결정 방식에서 기존과는 다른 유연성이 필요해졌다는 증거다. 구독자 180만 명을 보유하고 있는 유튜브 채널 '문명특급'의 홍민지 PD가 대표적인 예다. 2018년 처음 시작할 때만 해도 이 채널은 방송계에서 비주류였지만 이제는 지상파 연예 프로그램을 대체할 영향력을 가진 주류 웹 예능으로 성장했다. 대놓고 듣기는 창피해 숨어 듣는 명곡을 소개하는 '숨듣명(숨어 듣는 명곡)', 컴백하는 가수나 배우의 과거 필모그래피와 신곡을 편안한 분위기로 홍보하는 '컴백 맛집'과 '개봉 맛집' 등 기존 지상파 방송의 방식을 탈피한 것이 좋은 반응을 일으켰다.

또 다른 예로 유안타증권의 이해인 애널리스트도 있다. 1990년대생인 그는 2022년 4월 케이팝 중심의 엔터테인먼트 시장을 분석한 보고서 〈2022 엔터 르네상스의 시작〉으로 증권가를 비롯한 모든 업계에서 주목을 받았다. BTS의 빌보드 입성으로 팬덤 마케팅이 업계의 화두로 떠오르고 있는 시점에서 엔터테인먼트 산업 소비자를 '무보수 크리에이터'라고 정의하며 보고서의 설득력을 높였다. 본인의 아이돌 덕질 경험을 바탕으로 구성한 이 보고서는 케이팝 팬들에게 큰 공감을 얻었다.

CU의 1996년생 김소연 MD는 상품의 절반 이상을 크림으로 채운 '연세우유 크림빵'을 만들어 경력 8개월 만에 매출 100억 원이 넘는 성과를 냈다. 평소 빵에 진심인 그는 6개월 동안 전국 빵집을 돌면서 소비자가 어떤 상품을 좋아하는지 조사한 뒤 연세우유 크림빵을 기획했다. 그렇게 탄생한 상품은 편의점 빵에 대한 편견을 깨부수며 매진 행렬을 기록했다.

이와 같은 성공 신화는 1990년대생에게 처음부터 끝까지 프로젝트를 진행할 권한을 줬기 때문에 탄생한 것이다. 지난 몇 년간 기업에서는 주니어 보드junior board, 그림자 위원회, 리버스 멘토링

크림이 가득 찬 연세우유 크림빵의
단면_썬(U1151)

reverse mentoring 등 톱다운top-down 방식이 아닌 보텀업bottom-up
방식, 즉 상향식 의사 결정과 수평적 소통을 추구하는 다양한 제도
를 마련했다. 하지만 이런 시도는 어느 정도 안건을 정리한 뒤 최종
결정 단계에서 저연차 직원의 의견을 들어보는 정도에 그친다는
한계가 있었다. 반면 최근 들어서는 기획, 개발 단계부터 마케팅 단
계까지 모든 과정을 저연차 직원이 직접 담당하는 방향으로 제도
가 진화하고 있다. MZ세대로만 구성된 사내 TFTTask Force Team*
를 꾸리거나 사내 벤처** 제도를 활용해 독립된 조직을 만드는 경
우도 많다.

• 특정한 목적을 위해 일시적으로 만들어진 프로젝트 팀
•• 기존 사업 분야가 아닌 새로운 분야의 제품·서비스를 만들기 위해 기업 내부에 자율적이고 독
  립적인 조직을 만드는 제도

저연차 직원에게 역할과 권한을 더 많이 위임하는 쪽으로 변화를 시도하는 기업은 점점 늘어나고 있다. 특히 신상품의 성과를 빠르게 확인할 수 있는 유통업계에서 Z세대 독립 조직을 적극적으로 구성하는 추세다. GS25는 제품 기획부터 개발, 마케팅, 출시까지 모든 과정을 전담하는 '갓생기획'이라는 조직을 구성했다. 인기 도넛 브랜드와 협업한 '노티드 우유', 팝잇®과 사탕이 함께 들어 있는 '팝잇진주캔디', 기존 김치찌개라면에 틈새라면의 매운맛을 덧붙인 '틈새 오모리 김치찌개라면' 등 Z세대 트렌드를 상품에 빠르게 접목해 높은 매출을 기록했다. 갓생기획은 팀원을 6개월마다 바꿔 시즌제로 운영된다. 정체되지 않고 늘 새롭고 기발한 아이디어를 떠올릴 수 있는 시스템을 구축한 것이다.

롯데홈쇼핑은 'MZ PB(자체 브랜드) 개발팀'을 구성해 홈쇼핑이 아닌 라이브 커머스®®를 보는 소비자를 공략했다. 자기 관리에 관심이 많은 Z세대를 겨냥해 SNS에 올리기 좋은 콘셉트와 디자인으로 단백질바 '우주프로틴'을 출시했는데 크라우드 펀딩 플랫폼 와디즈에서 목표 펀딩액의 40배를 달성하며 좋은 반응을 얻었다. 그 외에도 친환경 보디 패키지, 숙취 해소제 등 MZ세대 소비자의 라이프 스타일을 반영한 제품을 계속 내놓을 예정이다.

KT에는 20대 전용 브랜드 'Y'를 담당하는 '세그마케팅 3팀'이 있다. 신진 아티스트를 발굴하고 이들과 협업해 수제 맥주, 화장품,

---

● 초등학생을 중심으로 큰 인기를 얻은 실리콘 재질로 만든 뽁뽁이 장난감

●● '라이브 스트리밍live streaming'과 '이커머스e-commerce'의 합성어. 실시간 영상으로 소비자와 소통하며 제품을 판매하는 서비스

노티드 우유와 팝잇진주캔디를 들고
있는 갓생기획 프로젝트 구성원_
GS25

음악 스트리밍 서비스 등 20대가 좋아하는 아이템을 출시하는 'Y
아티스트 프로젝트'를 통해 시장의 주목을 받고 있다. 이들은 인스
타그램 다이렉트 메시지DM를 팀의 주 메신저로 이용한다. 대학생
서포터즈 100여 명과 직접 소통하며 SNS에서 반응이 좋은 콘텐츠
를 실시간으로 공유하기 위함이다. 이 외에도 롯데마트의 '관심급
구 프로젝트'나 '보틀벙커팀', 현대백화점의 '피어 전담팀' 등 여러
기업이 앞다퉈 Z세대 독립 조직을 만들고 있다.

ISSUE 2의 결론
형식적인 제도가 아닌 조직 문화의 변화를 고민할 때

근무 시간, 근무 장소, 조직 구성, 의사 결정의 유연성은 Z세대 직장인이 증가할수록 더 중요해질 것이다. Z세대 구성원이 늘어나기 시작한 요즘 각 조직에 맞춰 유연성을 높일 수 있는 제도를 시도해도 좋을 듯하다.

이때 기억해야 할 점은 새로운 제도가 모든 것을 해결하지는 못한다는 점이다. 지금까지 여러 기업에서 단순한 직급 체계 도입, 영어 닉네임 제도 시행, 직급을 넘어선 파격적인 직책 선임 등 다양한 시도를 해왔다. 효과를 본 기업도 있었지만 큰 실효성을 느끼지 못한 경우도 많았다.

예컨대 2022년 국내 IT업계를 대표하는 기업 2곳이 비슷한 시기에 전면 원격근무제 도입을 선언했다. 한곳은 환호를 받은 반면 힌곳은 직원들의 반발을 사며 오히려 역효과가 났다. 유사한 제도를 도입했는데 반응이 엇갈린 이유는 무엇일까? 환호를 받은 곳은 제도를 도입하기 전에 전 직원을 대상으로 설문조사를 실시해 충분히 의견을 수렴했다. 일하는 방식을 바꾸기 위해 제도를 도입한다는 공감대를 먼저 형성한 것이다. 나아가 근무 형태를 2가지로 나눠 자유롭게 선택하도록 해 각자의 취향을 존중해줬다.

반면 반발을 산 곳은 제도를 도입하는 대가로 근무 시간 내내 음성 채널에 실시간으로 접속하라거나 13시부터 17시까지는 집중

근무를 하는 코어 타임을 설정하는 등 관리를 위한 새로운 규칙을 만들었다. 원격근무제라는 형식만 도입하고 본질적인 조직 문화는 바꾸지 않은 것이다.

제도를 도입하는 목적은 조직 문화를 바꾸는 것이라는 점을 반드시 기억할 필요가 있다. 변화의 본질에 맞게 방식과 적용 범위 등을 다각도로 고민하고 신중하게 결정한 시스템을 점진적으로 적용한다면 성공 가능성이 높아질 것이다.

유연 근무 방식을 도입할 때 '비동기 커뮤니케이션'에 대한 구성원의 이해를 높이고 이를 조직에 적용해봐도 좋을 듯하다. 비동기 커뮤니케이션은 대면, 유선 등 실시간으로 소통이 이뤄지는 게 아니라 즉시 답장이 오지 않으리라 생각하고 소통하는 방식이다. 최근 업무용 메신저, 협업 툴, 생산성 앱 등의 등장으로 비동기 커뮤니케이션을 도입하기가 더 용이해졌다. 이것의 대표적인 장점은 충분히 시간을 갖고 원하는 때 반응할 수 있어 의사소통의 질과 업무 생산성이 높아진다는 것이다. 커뮤니케이션 기록이 남기 때문에 조직의 투명성을 높일 수 있다는 장점도 있다. 물론 실시간 커뮤니케이션의 장점도 크기 때문에 어느 하나를 택하기보다 조직의 상황과 구성원의 성향에 맞춰 적절하게 병행하는 것을 추천한다.

임직원 교육이나 워크숍 프로그램 등 세대 간 이해를 높일 장치를 마련하는 것도 좋다. Z세대가 선호하는 방식에 무조건 따라야 한다는 의미가 아니다. 세대에 따라 효율적이라고 생각하는 업무 방식, 익숙한 소통 방식이 다를 수 있는 만큼 구성원 사이의 접점을 찾을 인사 프로그램을 고민해보기를 권장한다.

시대의 변화에 따라 일하는 방식에 대한 패러다임도 바뀌고 있다. 그간 당연하다고 생각해왔던 것을 의문을 가지고 살펴본다면 Z세대 인재들을 영입하고 이들과 시너지를 낼 방법이 보이지 않을까?

ISSUE 3.

숏포머블
short-formable

**핵심 신과
캐릭터성이 강조된
숏포머블한
콘텐츠가 뜬다**

바야흐로 숏폼 콘텐츠의 시대다.

한때 Z세대의 전유물로 여겨졌던 숏폼 콘텐츠는

이제는 다양한 연령이 즐기는 주류 콘텐츠로 자리 잡았다.

숏폼 콘텐츠의 영향력은 점차 강력해지고 있다.

시청자는 숏폼에서 뷰티, 패션, 요리, 과학 등

각종 분야의 정보를 얻는다.

틱톡에서 본 유행 아이템을 소비하거나

유튜브 쇼츠에 올라온 요리법과 화장법을 따라 하고

일상의 순간을 인스타그램 릴스에 기록하며 공유한다.

1분 내외의 숏폼 콘텐츠는 틱톡, 쇼츠, 릴스를 넘어

콘텐츠 전반의 흥행 공식을 변화시키고 있다.

과거에는 얼마나 인스타그래머블Instagramable*한지가

소비문화를 결정지었듯이 지금은 얼마나 숏포머블**한지가

우리의 일상을 바꾸고 있다.

* '인스타그램Instagram'과 '할 수 있는-able'의 합성어. 인스타그램에 올릴 만한 것
** '숏폼short-form'과 '할 수 있는-able'의 합성어. 숏폼 콘텐츠로 올릴 만한 것

CHAPTER 6.

이제는
숏포대블의
시대

2022년 3월 틱톡이 칸 국제 영화제의 공식 파트너로 선정돼 화제가 됐다. 칸은 개막식은 물론 레드 카펫, 인터뷰, 백스테이지 등 주요 행사 영상을 전부 틱톡에서 공개했으며 '글로벌 틱톡 단편 영화제#TikTokShortFilm'도 신설했다. 세계 3대 영화제 중 하나인 칸 영화제가 이런 파격적인 시도를 했다는 것은 숏폼 콘텐츠가 그만큼 대세라는 것을 보여준다.

게다가 유튜브 쇼츠는 매일 300억 회 이상의 조회 수를 기록[16]하고 있고 인스타그램 사용자들은 전체 사용 시간 중 20퍼센트 이상을 릴스에서 보낸다.[17] 숏폼 콘텐츠의 인기는 대학내일20대연구소의 데이터로도 확인할 수 있다. MZ세대 900명을 대상으로 조사한 결과 응답자 73.9퍼센트가 최근 6개월 내 틱톡, 쇼츠, 릴스 같은 숏폼 플랫폼을 이용한 적 있다고 답했다. Z세대의 이용률이 81.2퍼센트로 특히 높았고 밀레니얼세대도 69.2퍼센트가 이용 경험이 있는

숏폼 콘텐츠를 선호하는 Z세대

최근 6개월 내 숏폼 플랫폼 이용 경험

[Base: 전국 만 15~41세 남녀, n=900, 단위: %]

경험 없음
26.1%

경험 있음
73.9%

구분	세대별	
	Z세대	밀레니얼세대
(Base)	(351)	(549)
6개월 내 이용한 숏폼 플랫폼 있음	81.2	69.2
6개월 내 이용한 숏폼 플랫폼 없음	18.8	30.8
계	100.0	100.0

숏폼 콘텐츠 일평균 시청 시간

[Base: 전국 만 15~41세 남녀 중
6개월 내 숏폼 플랫폼 이용자, n=665, 단위: 분]

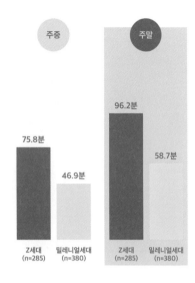

주중

주말

75.8분

46.9분

96.2분

58.7분

Z세대
(n=285)

밀레니얼세대
(n=380)

Z세대
(n=285)

밀레니얼세대
(n=380)

것으로 나타났다. 시청 시간도 상당하다. 숏폼 플랫폼 이용 경험자에게 숏폼 콘텐츠 일평균 시청 시간을 물어본 결과 Z세대는 주중 평균 75.8분, 주말 평균 96.2분을 숏폼 콘텐츠를 보는 데 할애했으며 밀레니얼세대도 주중 46.9분, 주말 58.7분의 시간을 쓰고 있었다.[18] 2년 전만 해도 '보는 사람만 보는 콘텐츠'나 'Z세대의 전유물'로 여겨지던 숏폼 콘텐츠는 이제 여러 세대가 함께 즐기는 보편적인 콘텐츠로 자리 잡았다.

날것에 끌리는 Z세대를 사로잡은 숏포머블

숏폼 콘텐츠를 가장 적극적으로 소비하는 층은 여전히 Z세대다. 앞선 데이터처럼 Z세대는 매일 1시간 이상을 시청에 할애할 정도로 숏폼 콘텐츠를 선호한다. Z세대가 숏폼 콘텐츠를 좋아하는 이유는 무엇일까?

한때는 대부분이 인스타그램 피드에 일상을 기록했다. 네모반듯한 정방형 이미지가 나열된 피드에 보기 좋게 일기를 남기려면 선별과 편집이 중요했다. 여러 순간 중 인스타그램 피드에 올릴 만한 감성적이고 예쁜 장면을 골라냈다. 그다음 각종 필터 앱을 활용해 사진을 보기 좋게 꾸미고 편집해 업로드했다. 피드의 통일성을 해치지 않기 위해 비슷한 필터와 편집 방식으로 일관된 감성을 유지하는 것도 중요했다. 멋지게 편집되고 정제된 이미지를 '힙'한 것으로 여겼고 독특하거나 감성적이거나 사진이 잘 나올 만한 음식, 카페, 전시회, 소품 등이 인스타그래머블하다며 각광받았다.

지금 Z세대가 일상을 기록하는 방식은 다르다. 정제된 사진으로 꾸미는 인스타그램 피드보다 지금 일어나는 일을 생생하게 남길 수 있는 인스타그램 스토리를 선호한다. 스토리는 24시간이 지나면 사라지기 때문에 보기 좋게 편집해 올리는 것보다 순간을 생동감 있게 포착하는 게 중요하다. 초점이 맞지 않더라도 현장의 분위기가 느껴지는 사진이나 10초 남짓의 짧은 영상이 올리기에 더 적합하다. 감정과 일상을 꾸밈없이 기록하기 위해 형식에 구애받지

❶ 틱톡커 옐언니가 동료 크리에이터들과 함께 찍은 틱톡 콘텐츠_틱톡 sisteryell
❷ 틱톡 영상을 찍는 모습을 촬영한 비하인드 콘텐츠_틱톡 sisteryell

않고 생각을 표현할 수 있는 블로그를 찾기도 한다. 정돈하고 잘 꾸
며서 보여주는 것보다 서툴어도 있는 그대로를 드러내는 것을 매
력적으로 생각한다.

　날것을 좋아하는 Z세대가 숏폼 콘텐츠에 끌리는 것은 당연하다.
영상의 길이가 1분 내외로 짧다 보니 편집이 많이 들어가지 않는
것은 물론 원 테이크로 촬영하는 경우도 있어 그만큼 생생한 느낌
을 준다. 실제로 쇼츠나 릴스, 틱톡의 인기 콘텐츠를 보면 자세한 연
출이나 기획 없이 친구들끼리 노는 모습이나 일상에서 갑자기 벌

어진 재미있는 상황을 그대로 보여주는 영상이 많다. 틱톡커 '옐언니'는 친한 크리에이터들과 콘텐츠를 찍어 올리는 경우가 잦은데 연출한 콘텐츠와 함께 해당 영상을 촬영할 때의 상황을 찍은 비하인드 콘텐츠도 같이 업로드한다. 본 콘텐츠의 조회 수도 높지만 거의 날것에 가까운 비하인드 콘텐츠에 대한 반응이 더 좋을 때도 많다. 별 내용이 없더라도 자연스러운 크리에이터들의 모습을 보며 친근감을 느끼기 때문이다.

숏폼 콘텐츠가 인기를 얻으면서 자연스럽게 숏포머블이 중요한 키워드로 떠올랐다. 숏포머블을 말 그대로 해석하면 '숏폼 콘텐츠로 올릴 만한 것'을 의미한다. 인스타그래머블한 것이 예쁘고 정갈하게 사진으로 담아내기 좋은 것이라면 숏포머블한 것은 짧은 영상으로 생생하게 담아내기 좋은 것이다. 잘 차린 테이블을 찍은 영상보다 오랜만에 만난 친구들과 잔을 들고 건배를 하는 영상이 더 숏포머블하다. 호수에 반짝이는 윤슬이나 방방 뛰며 페스티벌을 즐기는 모습처럼 그날의 생동감을 느낄 수 있는 콘텐츠, 친한 친구와 장난치는 모습같이 연출되지 않은 날것의 영상, 반전 있는 필터나 독특한 화장법처럼 과정에서 예상치 못한 재미를 주는 것을 '숏포머블하다'고 할 수 있다. 이런 숏포머블한 요소를 콘텐츠에 잘 담아낸 크리에이터들이 Z세대 사이에서 메가 인플루언서로 떠오르곤 한다.

숏포머블은 콘텐츠뿐만 아니라 일상과 소비에도 영향을 미쳤다. Z세대 사이에서 인기를 끈 '서프라이즈 마이키링'이 한 예다. 서프라이즈 마이키링은 산리오, 짱구 같은 귀여운 캐릭터 키링과 젤리가 들어 있는 랜덤 뽑기 장난감이다. 이것이 인기를 얻은 이유는 소

❶ 친구들과 MT를 가서 노는 모습을 릴스로 촬영한 콘텐츠_이예린
❷ 부산으로 여행 간 날을 기록한 쇼츠_이예린

비자의 재미와 수집욕을 자극한 것도 있지만 숏폼 콘텐츠의 유행
도 있었다. 서프라이즈 마이키링을 잔뜩 구매해 랜덤깡*을 하는 과
정을 담은 영상이 틱톡과 쇼츠에서 확산된 것이다.

이런 숏폼 콘텐츠의 영향력을 적극 활용한 기업도 있다. 인테리
어 플랫폼 '오늘의집'은 소비자의 리뷰 콘텐츠를 잘 활용해 인기를

• 랜덤 뽑기 장난감의 포장을 푸는 것. 여기서 '깡'은 '깐다'의 줄임말로 '앨범깡', '택배깡'같이 '-깡'
  을 붙여서 부름

얻었는데 2021년 하반기부터는 사진뿐만 아니라 짧은 영상도 올릴 수 있도록 만들었다. 이를 통해 이용자들은 자신이 인테리어한 방을 사진보다 더 현실감 있게 보여주거나 '배달 용기 세척법', '욕실장 정리법' 같은 생활 꿀팁을 공유했다. 이 과정에서 자연스럽게 오늘의집에서 구입한 제품을 소개하고 추천하게 해 제품 판매로 연결지었다. 패션 플랫폼 무신사 또한 2022년 4월 비디오 콘텐츠 큐레이션 서비스 '숏TV'를 론칭했다. 숏TV는 무신사 입점 브랜드나 주요 상품을 큐레이션한 30초 내외의 짧은 영상으로 소비자에게 다가가고 있다.

촬영부터 업로드까지 1분, Z세대의 숏 브이로그

Z세대는 숏폼 콘텐츠의 소비자인 동시에 적극적인 생산자이기도 하다. Z세대는 자신의 일상을 영상으로 기록하는 데 익숙하다. 대표적인 일상 기록 콘텐츠인 브이로그도 숏포머블하게 변화하고 있다. 기존의 브이로그는 15~20분 내외로 자막을 비롯한 다양한 편집 효과를 넣은 형태였다. 하지만 최근에는 1분 내외로 일상을 기록하는 짧은 브이로그 영상이 유행하고 있다. 롯데월드 데이트 숏로그, 생일 숏로그 등 특정 상황을 짧게 촬영하거나 여러 장면을 조금씩 이어 붙인 형태다.

틱톡과 릴스에서 활동 중인 크리에이터 '헬로동원'은 풍경 위주의 콘텐츠를 업로드한다. 아름다운 여행지의 모습을 콘텐츠로 만

볼록렌즈처럼 보이는 필터와 노이즈 효과를 사용해 그날 입은 옷을 소개하는 리나캉의 릴스 콘텐츠_인스타그램 rina_lnl

들기도 하지만 동네에서 찍은 무지개나 서울의 도로 같은 일상적인 소재를 올릴 때도 있다.

효과를 넣거나 편집할 때도 별도의 앱을 활용하기보다 자체 플랫폼에 있는 필터나 기능을 활용한다. 릴스 크리에이터 '리나캉'은 시청자에게 그날 입은 옷이나 아침 루틴과 같은 일상을 주로 보여주는데 볼록렌즈처럼 보이는 필터와 노이즈 효과를 사용하는 것이 특징이다.

인플루언서만 숏폼 콘텐츠를 만드는 것은 아니다. Z세대는 디지털 네이티브digital native*답게 영상으로 하루를 기록하는 것에 거리낌이 없다. 대학내일20대연구소에서 최근 6개월 내 숏폼 콘텐츠를 업로드한 Z세대를 대상으로 영상을 올리는 이유를 물었더니 '일상을 기록하기 위해(20.2%)'라고 가장 많이 답했다.[19] Z세대는 재미있는 일이 있으면 짧은 영상을 찍어 인스타그램 스토리에 올린다. 여행지나 술자리에서도 자연스럽게 틱톡이나 릴스를 업로드한다. 멋진 풍경에 어울리는 노래를 깔아 콘텐츠를 만들거나 익살스러운 필터를 사용해 친구들과 추억을 남기기도 한다. 인플루언서의 전유물처럼 여겼던 챌린지도 대중화돼 친구들끼리 챌린지 영상을 찍으며 노는 모습을 쉽게 찾아볼 수 있다.

Z세대가 제작하는 콘텐츠는 거창하지 않다. 이들은 쉬는 시간에 자기들끼리 놀면서 찍은 영상도 하나의 콘텐츠라고 인식한다. 원테이크로 찍어서 바로 올리거나 과거에 촬영한 영상을 플랫폼 내에서 간단하게 편집해 업로드하는 경우가 많아 제작 시간도 짧은 편이다. 실제로 MZ세대들의 숏폼 콘텐츠 업로드 소요 시간을 조사했을 때 Z세대는 '1분 미만'이라고 응답한 비율이 24.7퍼센트로 가장 높았다. 밀레니얼세대에서는 '5분 이상 10분 미만(26.2%)' 소요된다는 대답이 가장 많았던 것과 차이를 보인다.[20] 보통 숏폼 콘텐츠의 길이가 1분 내외라는 것을 고려하면 Z세대는 편집에 크게 공을 들이지 않고 영상을 찍자마자 바로 올리는 셈이다.

날이 갈수록 콘텐츠를 제작하기 쉬워진 것도 이런 현상에 불을

• 디지털 원어민. 개인용 컴퓨터, 핸드폰, 인터넷, MP3 같은 디지털 문물을 태어나면서부터 사용한 세대

콘텐츠 제작이 일상이 된 Z세대

숏폼 콘텐츠 업로드 소요 시간

[Base: 6개월 내 숏폼 콘텐츠를 업로드한 전국 만 15~41세 남녀, n=253, 단위: %]

전체		세대별	
		Z세대	밀레니얼세대
(Base)	(253)	(89)	(164)
1분 미만	17.0	24.7	12.8
1분 이상 5분 미만	19.4	21.3	18.3
5분 이상 10분 미만	23.3	18.0	26.2
10분 이상 30분 미만	14.6	14.6	14.6
30분 이상 1시간 미만	12.6	14.6	11.6
1시간 이상 3시간 미만	11.9	6.7	14.6
3시간 이상 6시간 미만	0.0	0.0	0.0
6시간 이상 12시간 미만	0.4	0.0	0.6
12시간 이상	0.8	0.0	1.2

지폈다. 대표적인 숏폼 플랫폼인 유튜브 쇼츠, 인스타그램 릴스, 틱톡에는 손쉽게 촬영부터 편집까지 할 수 있는 여러 기능이 탑재돼 있다. 업로드 버튼을 누르면 콘텐츠에 사용할 다양한 음원을 선택할 수 있다. 해당 음원을 활용한 콘텐츠가 몇 개나 업로드됐는지도 알려줘 지금 플랫폼 내에서 어떤 음악이 인기 있는지 확인 가능하다. 틱톡의 경우 주간 차트, 주간 급상승 등 음원 순위를 볼 수 있는 카테고리까지 있다. 가수의 음원뿐만 아니라 크리에이터가 직접 커버한 노래나 녹음한 대화도 배경음악으로 등록할 수 있다. 내 콘텐츠에 다른 창작자가 사용한 사운드를 끌어와 사용할 수도 있어 인기 음원의 재생산이 가능하다.

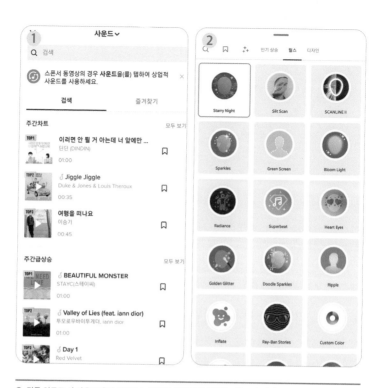

❶ 틱톡 업로드 시 사운드 추가 버튼을 누르면 그 주에 인기 있었던 사운드와 인기가 급상승한 사운드를 확인할 수 있음_틱톡
❷ 릴스 만들기 화면에서 효과 버튼을 누르면 자신이 지금까지 사용했던 효과와 지금 인기 있는 효과들을 확인할 수 있음_인스타그램

필터도 마찬가지다. 인스타그램 릴스에는 내가 과거에 사용했거나 저장한 필터는 물론 다른 사용자에게 인기 있는 필터를 확인할 수 있는 카테고리가 있다. 유튜브 쇼츠에는 이런 기능이 없지만 유튜브에 업로드된 모든 영상을 쇼츠 영상의 배경으로 활용할 수 있는 '그린 스크린' 기능과 유튜브에 올라간 일반 영상을 잘라 쇼츠 영상으로 제작할 수 있는 '컷' 기능이 있다. 자막을 넣거나 속도를

조절하는 등 웬만한 편집 기능도 탑재돼 있어 15초나 30초짜리 영상은 1분 안에 충분히 만들 수 있다.

과거 올라온 영상을 활용해 콘텐츠를 찍을 수도 있다. 틱톡은 다른 사람이 업로드한 콘텐츠와 내가 새로 찍은 콘텐츠를 2분할로 나눠서 영상 하나로 만드는 '듀엣' 기능을 제공한다. 이를 이용하면 업로드된 콘텐츠의 일부를 잘라 앞에 붙이고 그 뒤부터 이어서 찍을 수도 있다. 자연스럽게 콘텐츠 재생산이 이루어지는 것이다.

숏폼 콘텐츠에서 중요한 요소인 필터와 음원을 제작하는 서비스도 생기고 있다. 메타는 2019년 AR 필터를 만들 수 있는 무료 툴 '스파크 AR'을 공개했는데 2021년까지 세계 190개국에서 100만 명 가까운 이들이 이를 이용해 AR 필터를 만들었다.[21] 틱톡에서도 2022년 4월 틱톡 필터를 제작할 수 있는 플랫폼 '이펙트 하우스'를 글로벌 베타 버전으로 론칭했다. 이펙트 하우스를 통해 제작 툴 다운로드, 창작 필터 등록, 품질 보증 관리 등 필터 개발부터 관리까지 전 과정을 한꺼번에 처리할 수 있다.

▼

수익 구조를 만들어가는 숏폼 생태계

요즘 유튜브 영상에는 대부분 광고가 있다. 광고는 수많은 유튜브 크리에이터가 자리를 잡는 데 한몫했다. 반면 과거 숏폼 콘텐츠에는 중간 광고를 삽입할 수 없었다. 그래서 한동안 쇼츠, 릴스, 틱톡 위주로 활동하는 숏폼 크리에이터들이 일반 유튜버보다 돈을 벌기 어렵다며 자신의 수익을 공개하는 콘텐츠를 올리기도 했다. 하지만 최근 들어 숏폼 콘텐츠에도 광고를 추가할 수 있게 하려는 움직임이 나타나고 있다. 구글은 2022년 5월 개최한 마케팅 라이브 컨퍼런스에서 '유튜브 쇼츠에도 광고를 운영하겠다'고 발표했다. 아직까지는 일부 국가에서만 시범적으로 적용했지만 2022년 하반기부터 전 세계로 확대할 계획이다.[22]

틱톡도 광고를 강화하는 추세다. 틱톡의 2022년 예상 광고 매출은 약 120억 달러로 트위터와 스냅챗 매출의 총합을 넘어설 것으로 추측된다. 2024년에는 유튜브를 따라잡을 것이란 예측도 나온다.[23] 여세를 몰아 틱톡은 '틱톡 펄스'라는 새 광고 프로그램을 내놓았다. 크리에이터가 올린 영상에 광고를 삽입하고 광고로 발생한 수익을 틱톡과 크리에이터가 절반씩 나눠 갖는 방식이다. 2022년 6월부터 미국에서 시작했으며 하반기에는 다른 국가에도 도입할 예정이다.

광고 시스템은 크리에이터와 광고주, 숏폼 플랫폼을 상생하게 하는 수단이다. 크리에이터는 수익과 트래픽을 얻을 수 있고 광고주는 여러 크리에이터와 협업할 수 있다. 이는 크리에이터가 더 활발히 콘텐츠를 제작하게 만들어준다. 물론 소비자의 피로도를 높이지 않을 정도로 광고를 노출하는 방법을 고민해야 할 테지만 말이다.

광고 없이 자신의 콘텐츠만으로 수익을 올리는 방법도 등장했다. 음원이나 필터로 수익을 창출하는 것이다. 숏폼 영상 크리에이터뿐만 아니라 숏폼 콘텐츠 제작에 필요한 음원이나 필터를 만드는 크리에이터도 수익을 창출할 수 있는 구조다. 2022년 3월 틱톡은 더 많은 아티스트가 자신의 음악을 알릴 수 있도록 자체 음악 마케팅 및 배포 플랫폼 '사운드온'을 출시했다. 사운드온을 이용하면 틱톡은 물론 애플뮤직, 스포티파이, 판도라 등 글로벌 스트리밍 플랫폼에 음악을 배포하고 수익을 창출할 수 있다. 음악이 광고나 틱톡 동영상에 삽입될 경우 첫해에는 로열티 수익의 100퍼센트를, 다음 해에는 90퍼센트를 지급한다.[24]

메타에서도 음원과 관련한 수익화 전략을 세웠다. 크리에이터가 메타의 서비스 툴로 영상을 제작해 업로드하면 음악 저작권자와 크리에이터가 영상 내 광고 수익의 20퍼센트를 각각 배분받는 방식이다. 수익의 나머지 80퍼센트는 음악 권리 소유자와 메타가 나눠 갖는다. 이 프로그램은 미국에 우선 도입하고 점차 다른 국가에도 확대 적용할 예정이다.[25]

틱톡이 출시한 이펙트 하우스에서는 등록한 필터 개수, 해당 필터를 사용해 만든 틱톡 영상 수 등을 토대로 인센티브를 지급한다.[26] 이런 서비스들은 콘텐츠를 쉽게 제작할 수 있게 도와줄 뿐만 아니라 크리에이터의 새로운 수익 창구가 된다. 콘텐츠 제작 과정의 단순화와 수익 확대는 더 많은 크리에이터를 양성한다. 그리고 이들이 만든 콘텐츠는 시청자를 사로잡아 플랫폼 체류 시간을 늘리는 선순환 구조를 만든다. 이렇게 숏폼 크리에이터가 늘어나면 숏폼 콘텐츠의 영향력이 더욱 커지는 것은 당연지사다.

CHAPTER 7.

요즘 뜨는 숏포터블한 콘텐츠의 특징

과거 숏폼 콘텐츠는 1분이라는 짧은 시간에 소비자를 매료해야 한다는 점 때문에 구성에 제한이 많은 콘텐츠로 여겨졌다. 그렇다 보니 초창기 숏폼 콘텐츠는 주로 시각적으로 만족감을 주는 데 초점이 맞춰져 있었다. 현란한 댄스 챌린지나 반전 있는 메이크업 영상처럼 시선을 사로잡는 영상이 대부분이었으며 속도감 있는 편집과 귀에 꽂히는 배경음악이 콘텐츠의 매력을 좌우했다.

그러나 최근 숏폼 콘텐츠의 구성이 다채로워지고 있다. 단순히 시각적 임팩트와 편집, 음악에만 공을 들이는 게 아니라 정보와 스토리를 더해 흥미와 공감을 유발하는 콘텐츠가 뜨고 있다. Z세대 사이에서 사랑받는 숏포머블한 콘텐츠의 특징을 살펴보자.

'떡상'하는 공감형 콘텐츠에는 하이퍼리얼리즘'이 있다

2022년 두각을 나타낸 숏폼 콘텐츠가 있다. 이른바 '공감형 콘텐츠'로 누구나 일상에서 한 번쯤 경험했을 법한 일을 상황극으로 풀어 공감을 유도하는 콘텐츠다. 특히 Z세대 사이에서는 학교 생활이나 아르바이트하는 상황을 생생하게 연출한 또래 크리에이터들이 인기인데 '빵먹다살찐떡'이 대표적 예다.

빵먹다살찐떡은 대학 생활이나 사랑 고백, 몰래 컴퓨터를 하다 엄마한테 들킨 순간 등 Z세대라면 누구나 살면서 겪었을 법한 상황을 제시한 뒤 인물 유형별 반응을 콘텐츠로 만들었다. 교수가 과제를 많이 내준 상황에서 해내겠다는 열정을 뿜내는 새내기의 모습과 과제를 줄여달라고 조르는 졸업반의 모습을 비교해서 보여주거나 초등학생, 중학생, 고등학생, 대학생별 사랑 고백 방법의 차이를 유형화해 보여주는 식이다. 상황별로 인물의 반응이나 특징을 잘 잡아내고 이를 하이퍼리얼리즘으로 생생하게 연기한 것이 좋은 반응을 일으켰다.

공감형 콘텐츠에서 가장 중요한 요소는 '캐릭터성'이다. 캐릭터가 뚜렷하고 흡인력 있을수록 공감대를 크게 형성하기 때문이다. 캐릭터성을 극대화하기 위해 나이나 특징, 성격 등 콘셉트를 매우

• 극사실주의라는 의미로 본래 예술 장르 중 하나. 최근에는 특정 캐릭터나 상황을 자세하게 묘사해 현실감을 주는 상황극 콘텐츠를 부를 때 주로 사용

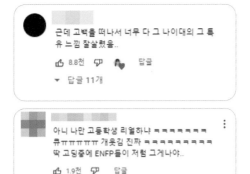

구체적으로 설정한 가상 인물을 만드는 경우도 있다. 뉴미디어 콘
텐츠 제작사 파괴연구소가 운영하는 채널인 '사내뷰공업'의 '빌런
시리즈'가 대표적이다. 학창 시절 반에 한 명쯤 있었을 법한 인물의
특징을 캐릭터로 만들어 소비자들의 공감을 자아냈다. 해당 시리
즈에는 '귀여운 척 빌런 김민지', 상대방의 자존감을 깎아내리는
'자존감 빌런 신지유', 애니메이션에 과몰입한 '오타쿠 빌런 황한
솔' 등 특징이 뚜렷한 캐릭터가 등장한다. 콘텐츠를 하나만 봐도 어
떤 캐릭터인지 바로 알 수 있을 정도로 유형별 특징을 잘 드러내 시
청자들은 우스갯소리로 이 채널의 크리에이터를 '명예 인류학자'
라고 부르기도 한다.

크리에이터의 실제 직업이나 전공을 살려 콘텐츠를 제작하는 경
우도 있다. 그렇게 탄생한 캐릭터는 현실감과 디테일이 남다르다.
예를 들어 '옆집간호사 구슬언니'는 14년간의 간호사 경력을 바탕
으로 연차별 간호사 공감 콘텐츠를 제작했다. 이 콘텐츠에는 현직

❶ 사내뷰공업의 '신지유 따라 하는 김민지'_유튜브 사
　내뷰공업
❷ '신지유 따라 하는 김민지' 영상에 달린 댓글_유튜
　브 사내뷰공업

간호사들이 각자의 경험을 나누는 댓글이나 고충을 이해하고 응원
하는 댓글이 3000개 이상 달렸다. 이처럼 구체적인 캐릭터 설정은
소비자들의 몰입도를 높이고 호응을 유도할 수 있다.

▼

정보성 콘텐츠에 더해진 예능적 요소

공감과 재미를 추구하는 경향은 다른 유형의 콘텐츠에도 영향을
미쳤다. Z세대는 정보도 숏폼 콘텐츠에서 얻는다. 편의점 음식 레
시피 영상을 보고 맛있어 보이는 조합을 따라 해 먹기도 하고 체형

커버 코디 콘텐츠를 참고해 옷을 고르기도 한다. 이런 정보성 콘텐츠가 관심을 받기 시작할 무렵에는 '한국인이 좋아하는 속도'가 인기의 척도였다. 짧은 영상에 최대한 많은 정보를 전달할 수 있도록 장면 전환과 내레이션, 음악 등의 요소를 빠르게 배치하는 것만으로도 반응을 얻었다. 그러나 최근에는 예능처럼 재미있고 가볍게 정보를 제공하는 콘텐츠가 Z세대 사이에서 인기를 끌고 있다.

재미를 더하는 요소 중 하나는 상황극이다. '1분요리 뚝딱이형'은 어린이와 대화하는 형태로 정보를 전달한다. 어린이 목소리의 화자는 뚝딱이형에게 시청자가 궁금해할 법한 부분을 대신 묻는다. "사실 고기가 아니라 곁들인 꽈리 고추가 메인이다"라는 뚝딱이형의 말에 "고추가 메인인 것처럼 이야기해놓고 혼자 고기 다 먹으려는 거 아니냐"며 딴지를 걸기도 한다. 화자 1명이 단조롭게 레시피를 읊는 것이 아니라 여러 사람이 대화하는 것처럼 콘텐츠를 구성해 분위기를 환기했다. 그뿐만 아니라 인물 간 관계성을 형성해 재미를 더했다.

'코코보라' 역시 상황극으로 정보를 전달한다. '지문 인식 안 될 때 성공률 올리는 방법' 콘텐츠에서는 정보를 전달하기 전 꼭 지문을 빠르게 인식해야 하는 경우를 상황극으로 먼저 제시한다. 소개팅 상대에게 연락이 왔는데 지문 인식이 안 되는 바람에 답변이 늦어 "무례하시네요"라는 말을 듣는 진땀 나는 상황이다. 이처럼 1분 내외로 짧게 정보를 전달하는 콘텐츠에서도 스토리를 만들어 소비자의 이탈을 막는 것이 중요해졌다.

▼

소통이 주목받는 콘텐츠를 만든다

Z세대는 특히 스토리나 상황극을 기반으로 한 숏폼 콘텐츠에 댓글이나 플랫폼의 커뮤니티 기능을 활용해 피드백을 활발하게 남긴다. 영상 속 캐릭터에 본인을 대입하거나 주변에서 비슷한 상황을 본 적이 많기 때문이다.

콘텐츠에 대한 Z세대의 의견을 잘 활용하면 좋은 결과를 이끌어 낼 수 있다. 좋은 콘텐츠 소재는 물론 자발적으로 채널을 알릴 준비가 된 알짜 팬까지 얻을 수 있다. 어떤 댓글이 '좋아요'를 많이 받았다는 것은 그만큼 그 생각이 대중적이라는 것을 보여준다. 따라서 그 댓글을 다음 콘텐츠의 소재로 사용하면 호응을 얻을 확률이 높다. 또한 크리에이터가 자신의 의견을 콘텐츠에 반영한 것을 본 소비자들은 크리에이터와 쌍방향 소통이 이뤄진다는 느낌을 받고 그에게 큰 애정을 가질 수 있다.

틱톡은 이런 선순환 구조를 잘 활용한다. 틱톡에는 '동영상으로 회신'이라는 기능이 있다. 직접 댓글을 끌어와 영상으로 만들어 회신하는 기능이다. 콘텐츠를 시청한 유저가 영상을 보고 댓글로 궁금한 것을 질문하면 크리에이터는 영상에서 그 댓글을 인용해 바로 응답할 수 있다. 크리에이터와 소비자가 더 유기적으로 소통할 수 있도록 돕는 것이다. Z세대를 사로잡는 숏폼 콘텐츠를 만들고 싶다면 이처럼 소비자와 적극적으로 대화하려는 자세가 필요하다.

▼

채널의 아이덴티티를 살려라

숏폼 콘텐츠가 대중의 인기를 얻어 비슷한 주제와 유형의 콘텐츠가 늘어나면서 특히 중요해진 요소가 있다. 바로 채널의 정체성, 즉 아이덴티티를 살리는 것이다. 이를 위해 콘텐츠 전체의 형식을 유사하게 통일하거나 자신만의 시그니처 스타일을 콘텐츠에 녹이려는 시도가 늘고 있다. 앞서 소개한 빵먹다살찐떡의 경우 영상 도입부에 '먀'라는 소리를 내며 특정 제스처를 취한다. 먀 인트로만 모아서 편집해 새로운 콘텐츠를 만들기도 한다. 이를 본 다른 크리에이터들이 빵먹다살찐떡의 인트로를 패러디하기도 한다. 독특한 오프닝으로 채널을 확실히 각인시킨 것이다.

일정한 형식을 유지하는 것도 채널의 아이덴티티를 살리는 효과적인 방법이다. 자막 스타일이나 장면, 배경음악, 엔딩 멘트 등에서 채널의 시그니처 포인트를 만들고 이를 영상마다 삽입해 콘텐츠에 통일감을 주는 것이다. 예를 들어 '레시피 읽어주는 여자'는 영상의 도입부와 끝나는 지점을 동일하게 연출한다. 다른 채널과 차별화를 시키기 위해서이기도 하지만 영상이 끝나도 다음 영상으로 넘어가지 않고 같은 영상이 반복 재생되는 숏폼 콘텐츠의 특성상 계속해서 한 영상을 보게 만들어 소비자를 오래 머무르게 하는 효과도 있다.

제목을 비롯한 콘텐츠의 전반적인 구성을 통일해 채널의 개성을 살리기도 한다. '노은솔'은 옷을 사게 된 계기를 설명하고 구매한 옷을 리뷰한 뒤 쇼핑의 성공 여부를 알려주는 구성으로 콘텐츠를 제작한다. 콘텐츠의 제목은 전부 '○○kg가 ××의 옷을 입어봤다'로 통일했는데 이것이 채널의 아이덴티티다. 콘텐츠 제작 시점에 따라 제목에 적힌 몸무게가 68킬로그램에서 70킬로그램까지 바뀌는 것도 재미 요소다.

CHAPTER 8.
숏포머블이
콘텐츠 생태계에 미친 영향

숏포머블함은 틱톡, 쇼츠, 릴스를 넘어 콘텐츠 생태계 전반에 영향을 미치고 있다. 가시적으로 가장 큰 변화는 콘텐츠의 길이가 짧아지고 있다는 것이다. 유튜브에서는 10분 내외의 웹 드라마와 웹 예능을 쉽게 찾아볼 수 있다. 대표적인 쇼트 드라마 채널인 '짧은대본'은 1편당 10분 내외의 콘텐츠를 업로드하는데 그중에는 5분이 채 되지 않는 에피소드도 많다. 텔레비전 드라마도 점차 시간이나 방영 기간이 짧아지고 있다. 1회에 기본 1시간이었던 길이가 20~30분으로 단축되고 16부작에서 12부작, 8부작으로 회차가 축소된 미드폼mid-form 콘텐츠가 등장하는 추세다. 카카오TV의 오리지널 드라마 〈며느라기〉, 〈결혼백서〉 등이 대표적인 예다.

그러나 길이가 짧아진 것에만 초점을 맞춘다면 현재 콘텐츠의 변화 흐름을 온전히 이해할 수 없다. 콘텐츠의 문법이 달라졌다는 점에 주목해야 한다. 즉, 이제는 숏포머블한 특성을 가진 콘텐츠가 뜬다.

첫 번째 조건, 매력적인 핵심 신scene

숏포머블함의 첫 번째 조건은 바로 매력적인 핵심 신이다. 영화나 드라마, 예능 프로그램 등을 시청하기 전에 유튜브에서 클립 영상을 찾아본 경험이 다들 있을 것이다. 주요 내용을 2~3분 정도로 요약한 클립 영상을 보고 해당 콘텐츠 전체를 정주행할지 말지 결정하기도 한다.

최근 이 클립 영상이 1분 내외의 숏폼 콘텐츠로 바뀌고 있다. 과거 클립 영상의 핵심은 본 콘텐츠의 스토리를 재미있게 요약해 다음 이야기가 궁금하게 만드는 것이었다. 그러나 요즘은 콘텐츠의 줄거리를 잘 간추리는 것보다 시청자가 매력과 흥미를 느낄 수 있는 핵심 신을 잘 뽑아내는 것이 더 중요하다.

예를 들어보자. '캐럿' 유튜브 채널은 웹 예능 〈크크루빵뽕〉 홍보에 쇼츠를 적극 활용한다. 2022년 6월에는 '성수 핫 플레이스 탐방' 콘텐츠를 홍보하기 위한 쇼츠를 업로드했다. 내용은 성수 탐방 중 우연히 개그맨 김용명 닮은 꼴을 만난 상황을 편집한 것이었다. 이 쇼츠는 성수 핫 플레이스 탐방이라는 본 콘텐츠의 콘셉트에서는 살짝 벗어나 있지만 그 자체로 재미있는 순간을 보여줘 355만 회에 달하는 조회 수를 기록했다. 이렇게 흥하는 콘텐츠를 만들기 위해서는 시청자의 관심을 끌 만한 핵심 신을 잘 뽑아내야 한다.

티빙 오리지널 드라마 〈유미의 세포들〉은 주인공 유미와 주인공의 남자친구인 구웅의 극 중 대화 장면을 MBTI 유형 중 F(감정형)와

성수 핫 플레이스 탐방 중 재미있는 핵심 신을 뽑아 만든
쇼츠_유튜브 캐릿

T(논리형)의 차이라는 콘셉트로 편집한 쇼츠를 업로드했다. 실제 드
라마는 F와 T의 차이를 보여주는 내용이 아니었지만 최근 많은 사
람이 관심을 보이는 코드인 MBTI라는 소재를 차용해 본 콘텐츠에
도 흥미를 갖게 유도한 것이다.

이처럼 핵심 신은 움짤이나 짤방처럼 단순히 단편적으로 웃긴
장면을 의미하는 것이 아니다. 콘텐츠의 핵심 타깃이 공감할 포인
트를 정확히 관통해야 하며 그 자체로도 하나의 콘텐츠로서 완결
성을 확보해야 한다.

이렇게 만든 핵심 신은 본 콘텐츠의 전개와 상관없이 독립적인
콘텐츠로 기능하기 때문에 여러 곳으로 확산된다. 이를 통해 본 콘
텐츠의 노출도 자연스럽게 늘어나 새로운 시청자를 유입시킬 수

침착맨의 트위치 생방송에서 주호민 작가가 스캣 무대
를 따라 한 클립 영상_유튜브 침착맨

있다. 콘텐츠가 Z세대 소비자들에 의해 재생산되면서 밈meme● 으
로 자리 잡기도 한다. 크리에이터 '침착맨'의 한 클립 영상이 그렇다.

침착맨의 트위치 생방송에 게스트로 나온 주호민 작가는 1976년
제18회 그래미 어워드에서 엘라 피츠제럴드Ella Fitzgerald와 멜 토
메Mel Torme가 재즈를 설명하며 스캣 무대를 펼쳤던 장면을 따라
했다. 그 장면이 유튜브 쇼츠로 업로드돼 300만 회가 넘는 높은 조
회 수를 기록하며 화제가 됐다. 여기서 끝나지 않고 이용자들이 직
접 각종 리믹스 버전을 만드는 것이 새롭게 유행했다. 유튜브에 "재

● 커뮤니티, SNS 등에 2차 창작물이나 패러디물로 만들어지며 유행하는 문화 요소. 언어에 국한
되지 않고 사진, 영상 등 다양한 미디어를 넘나든다는 점에서 유행어와 차이가 있음

즈가 뭐라고 생각하세요?"를 검색하면 다양한 콘텐츠를 볼 수 있고 심지어 인스타그램에는 '주호민 재즈 필터'가 생겼을 정도다. 피츠 제럴드의 원본 영상도 '끌올'됐다. 콘텐츠 자체가 하나의 밈이 된 것이다. 콘텐츠 마케팅에서 콘텐츠를 확산시키는 것은 매우 중요한 요소다. 스스로 퍼질 수 있는 콘텐츠를 기획하려면 소비자를 후킹할 신을 선정하는 데 집중해야 한다.

▼

두 번째 조건, 매력적인 캐릭터

숏포머블함의 두 번째 조건은 매력적인 캐릭터다. 세로 화면의 숏폼 콘텐츠에서는 자연스럽게 인물이 부각될 수밖에 없다. 여기서 더 나아가 이제는 콘텐츠 전반에서 캐릭터의 중요성이 높아지고 있다. Z세대는 콘텐츠의 줄거리보다는 캐릭터의 매력이 드러나는 핵심 신에 집중하고 특정 상황과 에피소드에서 캐릭터가 어떻게 반응하고 행동하는지를 통해 콘텐츠를 이해한다.

티빙 오리지널 드라마 〈술꾼도시여자들〉은 기존의 드라마처럼 하나의 큰 사건을 다루지 않고 매회 매력적인 캐릭터를 내세워 이야기를 풀어나갔다. 주인공 3인 모두 개성이 넘치지만 특히 배우 한선화가 연기한 한지연 역이 큰 사랑을 받았다. 지연은 항상 에너지가 넘치고 푼수 기질이 있는 동시에 당당하고 의리 있는 '예쁜 또라이'다. 친구 소희를 대신해 인턴과 술 대결을 펼치는 장면은 지연의 특징이 잘 드러나는 신 중 하나다. 인턴이 자신을 '멍청한 친구'

라고 일컫는데도 아무렇지 않게 "안녕? 나 멍청이야"라고 받아친다. 그렇게 해맑게 웃으며 술을 마시는 지연의 모습에서 '술을 좋아하고 해맑고 기가 세다'는 특징이 명확하게 드러난다. 〈술꾼도시여자들〉 시청자들은 댓글로 캐릭터의 매력을 분석하기를 즐겼다. 캐릭터 때문에 드라마를 정주행한다는 반응도 보였다.

매력 있는 캐릭터에 열광하는 경향은 드라마가 끝나도 계속된다. 작품 밖의 연기자에게서 해당 캐릭터의 모습을 찾아내는 것이다. tvN 드라마 〈스물다섯 스물하나〉에서 나희도 역을 연기한 배우 김태리의 브이로그를 보며 '완전 나희도 본체'라고 댓글을 달거나 고유림 역을 연기한 배우 겸 아이돌 보나의 무대 영상에 '고유림의 이중 생활'이라며 과몰입하는 것이 대표적인 예다.

캐릭터가 중심이 되다 보니 드라마가 시즌제가 되거나 스핀오프 예능으로 확장되기도 한다. 지난해 방영한 tvN의 〈해치지 않아〉는 SBS 드라마 〈펜트하우스〉에서 악역을 연기한 엄기준, 봉태규, 윤종훈이 산골에서 힐링을 하며 진짜 나를 찾아간다는 색다른 콘셉트로 주목받았다. 앞서 소개한 〈술꾼도시여자들〉은 2022년 2월 〈산꾼도시여자들〉로 돌아왔다. 드라마의 주연인 이선빈, 한선화, 정은지가 함께 등산을 하는 예능이다. 드라마와는 또 다른 캐릭터 간 관계성과 케미*를 볼 수 있다는 점에서 인기를 얻었다.

숏포머블함은 콘텐츠부터 소비문화까지 일상의 다양한 영역에

---

* 사람들이 잘 어울리는 것. 사람 사이의 강력한 끌림 혹은 스포츠계에서 팀 내 단결력을 의미하는 영어 단어인 '케미스트리chemistry'가 변형된 말

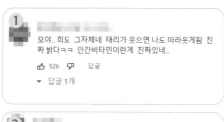

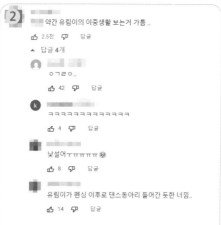

① 배우 김태리의 브이로그에 달
린 댓글_유튜브 매니지먼트엠
엠엠
② 우주소녀 보나의 <loveshot>
무대 영상에 달린 댓글_유튜
브 kaleido scope

서 중요한 흥행 조건으로 작용하고 있다. 이는 숏폼 콘텐츠 주요 소
비자자 생산자인 Z세대의 영향이 크다. 이들은 숏폼 콘텐츠를 계속
소비하고 재생산하며 일상을 채워나간다. Z세대가 힙하고 트렌디
하다고 생각하는 패션, 뷰티, 핫 플레이스, 콘텐츠, 밈 등이 모두 숏
폼 콘텐츠로 만들어지고 있다. 이제 숏포머블한 마케팅을 고민해
야 할 때다.

이렇게 하면 됩니다! A+ 기업 숏폼 콘텐츠

숏폼 콘텐츠를 잘 활용하면 브랜드 이미지 향상과 마케팅에서 큰 효과를 볼 수 있다. 무작정 기업 홍보에 치중하기보다는 인기 있는 콘텐츠 포맷을 차용하되 기업의 아이덴티티를 잃지 않는 게 중요하다. Z세대가 좋아하는 콘텐츠와 그 콘텐츠에 열광하는 이유가 무엇인지를 고민하고 거기에 기업의 정체성을 어떻게 녹일지를 고민해야 할 때다.

잘 만든 숏폼 콘텐츠로 Z세대에게 주목받는 채널이 있다. 바로 JTBC의 '소탐대실'과 CU의 '씨유튜브'다. 유튜브 채널 소탐대실은 밤 12시에 계좌 이체가 안 되는 이유, 우유갑을 한쪽으로만 뜯어야 하는 이유 등 일상의 사소한 흥밋거리를 쇼츠로 제작해 인기를 끌고 있다. 이 채널은 JTBC의 뉴미디어 플랫폼 헤이뉴스에서 만든 교양 지식 채널이다. 인트로에 전달하고자 하는 정보를 질문 형태로 제시하고 미니어처 재현, 현장 자료, 실험 등 풍부한 시각적 요소를 활용해 답변한다. 정확한 발음의 빠른 내레이션, 채널명을 보여줄 때의 장면이 특징으로 꼽힌다. 소탐대실은 '지식을 전달한다'는 뉴스의 큰 방향성은 그대로 살리면서 쇼츠의 문법에 맞게끔 구성을 재정립해 호응을 받았다. 브랜드가 제공하는 서비스의 정체성을 파악하고 현재 인기 있는 숏폼 콘텐츠 중 가장 효과적으로 기업의 아이덴티티를 나타낼 수 있는 포맷을 선택한 것이다.

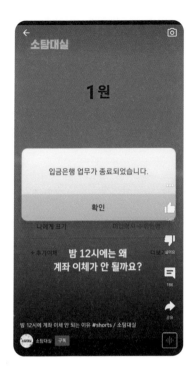

CU는 '편의점 고인물'이라는 공감형 콘텐츠로 화제가 됐다. 9년차 CU 편의점 아르바이트생 하루가 겪는 이야기를 유쾌하게 풀어낸 쇼트 드라마다. 담배 찾는 손님의 유형이나 진상 손님인 척하며 장난치는 친구의 이야기 등 편의점 아르바이트생이거나 편의점에 가본 사람이라면 한 번쯤 경험했을 법한 내용으로 구성돼 있다. 총 에피소드 20편 중 4편이 인기 급상승 쇼츠에 올라갔으며 방영된 지 39일 만에 누적 조회 수 1억 뷰를 돌파했다.[27] 그중 가장 조회 수가 높은 콘텐츠는 '이상형 손님 왔을 때 알바생 공감' 편으로 하루가 자신의 이상형에 가까운 손님에게 잘 보이기 위해 단장하고 과

하게 친절을 베푸는 모습을 보여준다. 손님이 하루의 연락처를 물어보려는 순간 옆에 있던 점장이 "여기에서 이러시면 곤란하다"며 손님을 쫓아낸다. 아쉬워하는 하루의 속도 모르고 진상 손님을 퇴치한 것마냥 뿌듯해하는 점장의 모습이 웃음 포인트다. 해당 콘텐츠에는 아르바이트하면서 이상형을 만난 경험담을 이야기하는 댓글도 있고 진짜 진상을 만난 상황이라면 점장에게 고마울 것이라며 과몰입하는 댓글도 있다. 요즘 주목받는 공감형 콘텐츠라는 포맷에 재미있는 스토리와 뚜렷한 캐릭터라는 숏포머블한 요소를 접목해 인기를 얻었고 편의점을 배경으로 해 자연스럽게 홍보 효과

를 누렸다는 점에서 성공 사례로 꼽힌다.

하지만 숏폼 콘텐츠가 대세라고 해서 무리해서 만들 필요는 없다. 여건이 어렵다면 숏포머블한 장치를 제공하는 것부터 시작해 보자. 숏폼 콘텐츠에 적용할 수 있는 음원이나 필터를 활용하면 어떨까?

주의할 점은 브랜드 홍보나 제품 노출에 대한 욕심을 내려놓아야 한다는 것이다. 홍보라는 목적에 사로잡혀 스토리나 재미 요소 없이 브랜드 로고만을 넣어 필터를 제작하는 기업들이 많다. 이러면 좋은 결과를 얻기가 어렵다. 한 걸음 물러서서 Z세대가 재미있게 가지고 놀 아이템을 제공한다는 생각으로 접근해야 한다. '나라면 이 필터나 음악을 콘텐츠에 넣고 싶을까?'를 염두에 두고 기획하는 게 중요하다.

영화나 드라마, 예능 프로그램 등 콘텐츠 관련 필터를 제작하고 싶다면 핵심 신을 밈처럼 만드는 것도 좋다. 〈무한도전〉처럼 자막 스타일을 활용할 수도 있고 요즘 인기 있는 말풍선 짤처럼 특정 대사를 넣을 수도 있다. 사람들이 패러디할 만한 재미있는 장면을 필터로 만드는 것도 좋은 방법이다. 2021년 12월 〈스파이더맨: 노 웨이 홈〉 개봉 당시 인기를 끈 '페이스타임 위드 스파이더맨FACETIME WITH SPIDERMEN, 스파이더맨과영상통화' 필터가 좋은 예다. 역대 스파이더맨들과 영상통화를 하는 콘셉트의 필터로 영화 속 장면에 사용자의 얼굴을 넣을 수 있다. 〈스파이더맨〉 영화를 보지 않은 사람들도 재미있게 즐길 수 있어 인기를 끌었다. 이 필터는 영화사가 아닌 일반인의 제작한 필터로 유명 필터 제작자와 협업하는 것도 좋은 홍보 방법이 될 수 있다.

음원의 경우 많은 사람이 아이돌 챌린지 마케팅을 떠올릴 것이다. 실제로 아이돌이 컴백할 때 필수로 진행하는 마케팅 수단이기도 하다. 하지만 숏폼 콘텐츠에서는 인기 있는 가수의 음악이라고 반드시 그를 활용한 챌린지가 유행하는 것은 아니다. 이목을 끌 수 있는 요소, 즉 연기할 요소가 있는 음원이 인기를 끈다. 콘셉트를 설명하거나 특정한 행동을 지시하는 직설적인 가사가 있는 것이 그 예다. 대사가 있거나 대화를 주고받는 가사도 캐릭터의 특성을 살린 상황극에 사용하기 적절하다.

'우리 브랜드는 음악과 관련이 없는데⋯'라고 낙심할 필요는 없다. 음원이 꼭 완성된 하나의 노래여야 한다는 법은 없기 때문이다. 광고에 삽입된 시엠송을 활용하거나 콘텐츠 중 특정 장면을 음원으로 추출하는 등 방법은 다양하다. 소비자와 대화할 수 있는 사운드를 넣어 '이어 찍기 챌린지'를 진행할 수도 있다. 어떤 음원이든 재미가 있다면 Z세대의 선택을 받을 수 있다.

ISSUE 4.

디깅 소비
digging consumption

지속되는 만족을
추구하며 온전하게
채워가는 소비

최근 몇 년간 소비를 결정하는 중요한 기준은
일시적이고 즉각적으로 느낄 수 있는 만족감이었다.
예쁘지만 쓸모는 없는 '예쁜 쓰레기'를 사 모으고
소소한 금액을 탕진하며 만족을 느끼는 데 치중했다.
그러나 이제 Z세대는 단순히 심리적인 만족감을
얻는 것에서 그치지 않는다.
일상을 지금보다 더 괜찮은 상태로 만들어주는
소비를 매력적으로 여긴다.
더 깊게 배우고 경험을 쌓으면서
자신에게 투자하듯이 소비한다.
욜로의 시대를 지나 맞이한 갓생의 시대,
달라진 Z세대의 소비 문화를 확인해보자.

CHAPTER 9

욜로의 시대에서
갓생의 시대로

최근 몇 년간 한 번뿐인 인생 즐기면서 살자며 소비를 부추긴 욜로에 대한 인식이 달라지고 있다. 한 조사[28]에 따르면 욜로를 추구하는 경향은 2017년 대비 눈에 띄게 줄어들었다. 20대는 2017년 75.6퍼센트에서 2021년 55.2퍼센트로 비율이 감소했고, 30대 역시 66.4퍼센트에서 59.6퍼센트로 줄었다. 주목할 점은 20대에서 그 비율이 가장 많이 줄어들었다는 것이다. 자신의 만족을 추구하는 데 그 어떤 세대보다 적극적이었던 Z세대가 이제는 욜로 라이프가 아닌 하루하루를 열심히 살아가는 갓생을 꿈꾸고 있다.

이런 변화는 빅데이터로도 확인할 수 있다. 2017년부터 2022년 상반기까지의 정보량을 비교해보면 2017~2019년까지는 욜로 키워드의 언급량이 많았다. 그에 비해 코로나19가 확산하기 시작한 2020년 3월을 기점으로 욜로 키워드의 언급량은 줄고 갓생 키워드의 언급량이 급격히 증가했다.

욜로가 가고 갓생이 온다

욜로와 갓생의 정보량 추이 비교

· 기간: 2017.1.1~2022.6.30 · 채널: 커뮤니티, 블로그, 카페, 트위터, 인스타그램, 유튜브, 페이스북

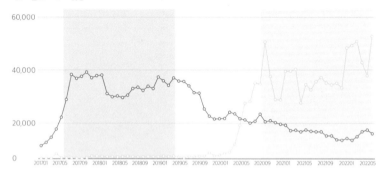

· 출처: 알에스엔 자체 솔루션 LUCY 2.0 기반 자체 검색

보통 삶의 태도와 가치관은 라이프 스타일뿐만 아니라 소비에도 자연스럽게 영향을 미친다. 따라서 욕망의 흐름을 들여다보면 앞으로의 소비 트렌드를 예측할 수 있다. 갓생의 시대, Z세대는 무엇을 위해 소비할까?

▼

욜로의 시대: 즉각적이고 일시적인 만족을 좇다

밀레니얼세대가 사회에 진출하기 시작한 2010년대는 장기 불황의 시대였다. 이들은 높은 스펙을 갖췄지만 취업에서 어려움을 겪었고 천정부지로 솟는 집값에 내 집 마련 또한 요원했다. 열심히 스펙

을 쌓고 돈을 모으면 직업도 집도 가질 수 있었던 과거와 달리 오늘의 노력이 미래의 안녕을 보장할 수 없는 시대가 됐다.

이런 상황에서 밀레니얼세대는 행복의 의미를 다시 정의하기 시작했다. 큰 부를 쌓거나 명성을 얻는 등 거창한 성공을 좇기보다 다른 사람들과 비슷하고 평범하며 무탈한 일상을 보내기를 꿈꿨다. 미래를 위해 현재의 행복을 미루지 않았고 취미나 여행에 적극적으로 지갑을 열었다. 손에 잡히지 않는 불확실한 미래보다 소소하지만 확실하게 체감할 수 있는 행복에 눈을 돌리기 시작한 것이다. 한 번 사는 인생 후회 없이 즐기며 살자는 욜로의 메시지는 이런 변화에 불을 지폈다. 그렇게 오늘의 만족을 우선시하는 삶의 태도가 본격적으로 퍼져나가기 시작했다.

욜로의 시대에는 일시적인 만족을 추구하는 소비 현상이 돋보였다. 퇴근길 인형 뽑기 방에 들러 소소한 성취감과 '탕진잼'*을 즐겼고 '홧김소비'**처럼 예상치 못한 지출로 그때그때 스트레스를 해소했다. 쓸모는 없지만 기분 전환을 위해 구매한 예쁜 물건, 오늘 하루 고생한 나를 위해 지르는 택시비는 기분을 빠르게 달래주기에 충분히 타당한 소비였다.

이는 곧 2020년대 초반 플렉스flex로 이어졌다. 플렉스는 원래 미국 힙합 문화에서 부를 과시할 때 사용하는 표현이었는데 소비를 통해 얻는 일시적인 만족감을 표출하는 용어로 확장됐다. 명품

---

* 탕진하는 재미. 마음껏 소비하면서 느끼는 즐거움으로 보통 값비싼 물건보다는 화장품, 문구, 음식 등 소소한 물건을 소비할 때 많이 사용하는 말
** 스트레스를 받아 홧김에 무언가를 소비하는 것

을 구매하는 것처럼 큰 소비가 아니더라도 다이소나 편의점에서 물건을 잔뜩 사며 '플렉스해버렸다'고 이야기했다. 작은 낭비에서 오는 찰나의 만족감을 과장해 표현한 것이다.

탕진잼과 플렉스 같은 소비문화는 지금 당장 누릴 수 있는 소소한 행복에 초점이 맞춰져 있다. 값비싸지 않아도, 구매와 동시에 물건의 효용 가치가 사라져도 괜찮다. 일시적인 만족일지라도 구매하는 순간 즐거움을 느꼈다면 충분한 것이다. 이 시기 합리적인 소비의 기준은 바로 '즉각적인 자기만족'이었다. 다른 사람에게는 예쁜 쓰레기나 무의미한 물건에 돈을 낭비하는 것으로 보이더라도 내가 현재 만족한다면 합리적이고 가치 있는 소비로 여겼다. 그렇게 MZ세대는 지금 누릴 수 있는 행복으로 일상을 채워나갔다.

갓생의 시대: 지속되고 채워지는 소비를 추구하다

2020년 코로나19로 일상이 위협받기 시작했다. 친구를 만나 맛집을 탐방하거나 주말에 훌쩍 여행을 떠나는 것이 어려워졌다. 불안한 미래 대신 추구해온 현재의 작고 소소한 행복조차도 담보할 수 없는 상황이 된 것이다.

밀레니얼세대와 Z세대는 또다시 일상을 즐기기 위해 노력하기 시작했다. 과거와의 차이점은 일시적이고 즉각적인 만족을 추구하는 것이 아닌 무탈한 하루를 유지할 힘을 기르는 데 집중했다는 것이다. 하루하루 나를 위한 작고 좋은 습관을 쌓고 '적어도 오늘은

욜로에서 갓생으로 변화와 함께 달라진 소비문화

Z세대 소비자의 달라진 가치관

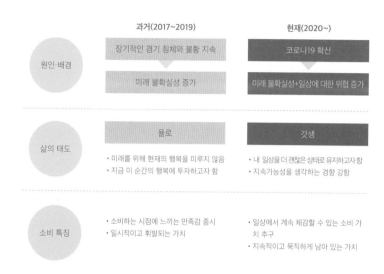

	과거(2017~2019)	현재(2020~)
원인·배경	장기적인 경기 침체와 불황 지속 / 미래 불확실성 증가	코로나19 확산 / 미래 불확실성+일상에 대한 위협 증가
삶의 태도	욜로 · 미래를 위해 현재의 행복을 미루지 않음 · 지금 이 순간의 행복에 투자하고자 함	갓생 · 내 일상을 더 괜찮은 상태로 유지하고자 함 · 지속가능성을 생각하는 경향 강함
소비 특징	· 소비하는 시점에 느끼는 만족감 중시 · 일시적이고 휘발되는 가치	· 일상에서 계속 체감할 수 있는 소비 가치 추구 · 지속적이고 묵직하게 남아 있는 가치

잘 보냈다'는 성취감을 좇으며 무너진 일상을 다시 세웠다.

오늘을 지탱하기 위해 스스로 목표를 세우고 실천하는 갓생 문화를 향한 움직임은 특히 Z세대 사이에서 두드러졌다. 아침 일찍 일어나기, 하루에 2리터 이상 물 마시기 등 자기만의 소소한 목표를 실천하며 성취와 활력을 얻었다. 오늘 하루를 좀 더 괜찮은 상태로 유지하고자 노력하다 보면 결국 매일을 좋은 상태로 유지할 수 있다는 것이 갓생을 추구하는 궁극적인 이유다.

과거의 욜로나 지금의 갓생 모두 나와 현재를 중요하게 여긴다는 공통점이 있다. 그러나 욜로를 지향하는 삶에서 현재가 '후회 없이 즐겨야 하는 순간'이라면 갓생의 현재는 '좋은 습관을 쌓아가는 과정'으로, 둘은 전혀 다른 의미를 지닌다.

이렇게 달라진 삶의 태도는 소비문화도 변화시켰다. 예전에는 소비를 통해 즉각적인 만족감을 느끼는 것을 중요하게 여겼다면 지금은 소비의 가치를 일상에서 지속적으로 체감하는 것을 중요하게 생각한다. 무엇이 내 삶을 지금보다 더 나은 상태로 만들어주는지, 그것이 얼마나 오래가는지에 따라 만족감이 달라진다. 한마디로 현생을 더 잘 살기 위해 지속가능한 관점에서 자신에게 투자하는 소비가 바로 요즘 세대의 소비 트렌드다.

대학내일20대연구소는 2021년에도 소비에서의 지속가능성을 언급한 바 있다. 지속가능한 삶을 위해 대안을 찾아 즐기는 이들을 '세컨슈머'●라 정의했다. 여기서 지속가능한 삶은 괜찮은 일상을 미래에도 유지할 수 있는 삶이다. 세컨슈머는 어떤 효용이 내 삶을 지금보다 더 나은 상태로 만들 수 있는지, 구매 결과 체감할 수 있는 가치가 얼마나 지속되는지에 따라 만족감을 다르게 느낀다. 좁게는 먹고살 수단부터 넓게는 사회와 환경의 지속가능성까지 생각하며 소비한다. 리셀이나 재테크를 통해 다양한 소득원을 확보하고 중고 거래나 로컬 상점 방문을 통해 지역사회와 상생과 환경보호를 실천하는 등 대안적인 소비 수단을 찾는 것에 초점이 맞췄다.

그러나 2022년에 말하는 지속가능함은 다른 개념이다. 이는 '내 효용 가치의 지속가능성'을 뜻한다. 현상 유지나 대안 탐색을 넘어

● 세컨드second와 컨슈머consumer의 합성어. 지속가능한 삶을 위해 대안을 찾아 즐기는 MZ세대의 소비 트렌드

소비를 통해 일상에서 꾸준히 만족감을 느끼고 삶의 질을 높이는 것에 초점을 맞춘다. 지속가능성을 중시하는 Z세대는 소비의 효용이 계속되기를, 소비를 통해 스스로 추구하는 가치를 쌓아가기를 원한다. 탕진하고 비우는 소비가 아닌 이어지고 채워지는 소비를 지향한다.

CHAPTER 10

나에 의한
나를 위한
갓생 소비

갓생의 시대 Z세대의 소비는 어떻게 변화했을까? 우선 가장 눈에 띄는 것은 식생활 소비의 변화다. 건강한 삶을 추구하는 트렌드가 지속되면서 자연스럽게 Z세대는 먹고 마시는 것에 관심을 갖게 됐다. 내 몸에 맞는 속 편한 식재료를 찾고 아침을 챙겨 먹거나 자주 물을 마시는 등 평범하지만 건강한 습관을 만들고자 노력한다. 또 유전자 검사같이 내 몸을 더 잘 이해하기 위해 투자도 아끼지 않는다. 먹는 것, 입는 것, 자는 것을 포함한 모든 부분에서 하나씩 목표를 만들고 채워가면서 얻는 만족감은 곧 총체적인 삶에 대한 애정과 인정으로 이어진다. 이런 맥락에서 Z세대는 일상을 건강하게 채워주는 소비를 지향한다.

일상에서 즐겁게 건강을 챙기다

보통 다이어트를 시작하면 빵, 떡볶이, 라면 같은 밀가루 음식을 가장 먼저 피한다. 그러나 Z세대는 다이어트를 한다고 좋아하는 음식을 멀리하지 않는다. 단백질 파우더로 만든 프로틴 빵, 밀가루떡 대신 곤약으로 만든 떡볶이처럼 원료를 대체해 부담 없이 즐긴다. 원래 맛을 유지하면서도 건강한 방법으로 섭취하려는 것이다. 식단을 조절하기 위해 무리하게 샐러드나 닭가슴살만 고집하다 스트레스를 받는 것보다 좋아하는 메뉴를 즐거운 마음으로 죄책감 없이 먹는 것이 장기적으로 건강에 더 유익하다고 여긴다.

이런 이유로 Z세대는 맛있고 든든하면서도 칼로리가 낮은 음식을 만드는 방법을 다루는 콘텐츠에 주목하고 있다. 예컨대 맛있고 건강한 레시피를 알려주는 유튜버 '디디미니'는 구독자 수 20만 명을 넘기며 Z세대에게 뜨거운 사랑을 받고 있다.

액상 과당 음료 대신 무설탕 음료를 선호하는 것도 이와 비슷한 맥락이다. 액상 과당이 건강에 좋지 않다는 인식이 Z세대 사이에서 자리 잡은 뒤 탄산음료를 마실 때 제로 칼로리 음료인지를 꼭 확인하는 사람이 늘었다. 이런 소비자의 트렌드를 반영하듯 롯데칠성음료는 '칠성사이다 제로'와 '펩시 제로'에 이어 '탑스 제로' 3종, '핫식스 제로' 등의 신제품을 출시했다. 그 결과 2022년 2분기 영업이익이 638억 원으로 2021년 동기보다 39.9퍼센트 증가했으며 제로 칼로리 탄산음료의 매출이 크게 늘었다[29]고 한다.

Z세대가 즐기는 제로 칼로리 탄산음료와 알룰로스를 첨가한 콤부차

Z세대는 탄산음료뿐만 아니라 술을 마실 때도 무당 혹은 저당을 찾는다. 무알코올, 무당류, 제로 칼로리 맥주를 구입하는 것은 물론 혼합주를 만들 때 사용하는 토닉워터까지도 제로 칼로리를 고집한다. 2022년 7월에는 홍차 소주가 Z세대 사이에서 선풍적 인기를 끌기도 했다. 이 홍차 소주는 〈차린 건 쥐뿔도 없지만〉이라는 웹 예능에서 소개된 레시피로 소주에 제로 칼로리인 '동원 보성 홍차 아이스티 제로'를 섞어 만든다. 칼로리에 대한 부담은 덜면서 맛있게 술을 즐길 수 있다는 점에서 인기를 끌었다.

집에서 요리할 때도 설탕 대신 알룰로스나 스테비아를 활용한다. 특히 알룰로스를 뿌린 쫀득한 그릭 요거트는 Z세대에게 인기 있는 아침 메뉴다. 이렇게 Z세대는 맛은 그대로 유지하면서 건강을 해치지 않는 음식을 소비한다.

Z세대는 혼자 밥을 먹더라도 건강과 맛을 알차게 챙긴다. 이런

소비 욕구를 반영하듯 편의점에서도 건강한 한 끼를 추구하는 메뉴가 계속 출시되고 있다. 대표적인 예로 CU편의점과 풀무원이 2022년 7월부터 함께 진행한 '올바른 간편식' 시리즈가 있다. 올바른 간편식은 건강하고 바른 먹거리를 추구하는 풀무원의 경영 철학에 맞춰 기획한 편의점 간편식으로 최상급 재료를 엄선하고 풀무원 소속 영양사가 상품 구성에 직접 참여해 품질을 높였다.[30] 이 시리즈는 Z세대에게 큰 인기를 끌었는데 편의점에서 한 끼를 먹더라도 몸에 좋은 제품을 소비하는 것이 궁극적으로 나에게 더 긍정적인 영향을 미친다고 생각하기 때문이다.

내일의 안녕을 위한 오늘의 노력

건강기능식품 시장의 성장을 보면 Z세대가 건강을 크게 신경 쓴다는 사실을 한눈에 체감할 수 있다. 카카오커머스에 따르면 2021년 건강기능식품 카테고리에서 선물하기 거래가 2020년 대비 51퍼센트 증가했는데 그중에서도 20대(56%)와 30대(66%)의 성장률이 돋보였다고 한다.[31] 과거 50~60대가 찾을 법한 영양제를 Z세대가 찾는다는 뜻이다.

　2022년 진행한 조사에서도 유사한 결과가 나타났다. MZ세대에게 건강을 위해 식습관에서 어떤 것을 가장 신경 쓰는지 물었더니 '건강기능식품(영양제) 섭취'가 33.9퍼센트로 2021년에 이어 1위를 차지했다.[32] 건강한 식습관을 만들어가다 보니 자연스럽게 식품

요일별로 소분한 일주일치 영양제_최원혁

의 영양적 가치를 탐구하고 영양을 보충할 수 있는 건강기능식품에 관심을 갖게 된 것이다.

영양제 루틴을 세우는 Z세대도 있다. 한 주에 먹어야 할 영양제를 알약통에 요일별로 구분해서 소분한다. 그리고 항상 가지고 다니며 규칙적으로 영양제를 챙겨 먹는 것이다.

더 나아가 나만의 유전적 특성을 알아보는 유전자 검사가 인기를 끌기도 했다. 개인 자산 관리 금융 앱인 뱅크샐러드는 2021년 말부터 이용자에게 무료로 유전자 검사를 해주는 이벤트를 진행했다. 선착순 500명 안에 들어야 검사를 받을 수 있는데 매일 오전 10시에 신청 페이지가 열릴 때마다 수만 명이 몰려들었다. 이벤트를 시작한 지 1년이 다 돼가는데도 경쟁률이 평균 30:1을 기록할 정도로 반응이 뜨겁다.

유전자 검사를 받으면 유전적으로 어떤 질환에 걸릴 가능성이 있는지 예측하거나 챙겨 먹어야 하는 영양소, 효과적인 운동, 피부

유전자 검사 이벤트에 참여한 후기_인스타그램 yip.sae

나 모발 상태, 식습관 등의 유전적 형질을 확인할 수 있다. Z세대가 이런 검사에 열광하는 이유는 자신의 몸을 조금 더 잘 이해하고 싶어 하기 때문이다. 내 몸에 무엇이 필요한지 파악하고 부족한 점을 개선할 생활 습관을 형성하려는 의도라고 볼 수 있다.

CHAPTER 11.

소비의
새로운 기준,
가실비

'가실비'라는 단어를 들어본 적이 있는가? 가실비란 '가격 대비 실사용 비용'을 뜻한다. 가격이 좀 비싸더라도 자주 사용하고 일상에서 충분한 효용 가치를 느끼게 해주는 제품을 보고 '가실비가 좋다'고 이야기한다.

아직 대중적인 표현은 아니지만 Z세대가 주로 활동하는 온라인 커뮤니티에서는 가실비를 따져 구매 여부를 결정하는 모습을 종종 볼 수 있다. 향수, 옷부터 식기세척기, 로봇 청소기 같은 가전제품까지 선뜻 구매하기에는 망설여지는 가격이 비싼 물건을 살 때가 특히 그렇다. 기능이나 디자인만 보는 게 아니라 실사용 횟수와 기간, 사용하고 나서 결과와 만족감을 따져보고 충분히 값어치가 있다고 생각되면 고가여도 망설이지 않고 구매한다.

Z세대는 소비할 때 단순한 심리적 만족감을 주는지를 넘어서 현재 일상을 전보다 더 괜찮은 상태로 만들어주는지, 그 상태를 미래

에도 지속되게 해주는지를 중요하게 여긴다. 앞으로의 삶을 얼마나 발전시킬 수 있는지가 새로운 판단 기준으로 자리 잡고 있는 것이다.

▼

기분을 케어하는 가실비템, 향수

과거 향수는 '가심비'* 를 높이는 아이템에 가까웠다. 주로 타인에게 향기로 좋은 인상을 남기기 위해 사용했으며 병이 예쁜 향수를 수집하는 데 공을 들이는 사람도 많았다. 그러나 코로나19 이후 사용 목적과 활용법이 달라지며 향수의 정체성도 변화했다. 어쩌다 외출할 때 사용하는 것이 아니라 일할 때, 잠잘 때 등 일상에서 사용하며 기분을 관리해주는 물건으로 자리 잡았다. 한마디로 '가실비템'이 된 것이다.

달라진 향수 사용법의 대표적인 예가 '잠뿌'다. 잠뿌란 '잠자기 전 향수 뿌리기'의 줄임말로 좋아하는 향수를 침구에 뿌려 마음을 안정시키는 행위를 의미한다. 수면의 질을 높이는 용도로 향수를 활용하는 것이다. 처음에는 향수 마니아를 중심으로 알음알음 사용되던 방법이지만 향수를 '기분 케어템'으로 사용하는 사람들이 늘어나며 잠뿌 전용 제품까지 출시되고 있다.

잠들기 전 베개에 뿌리는 필로 미스트에서 샤워 후 뿌리는 바디

• 가격 대비 심리적 만족감

Z세대 사이에서 잠뿌용 향수로
유명한 SW19의 noon, midnig
ht_이태린

미스트, 공간의 향기를 관리하는 룸 스프레이까지 용도에 따라 향
수의 종류가 다양해지다 보니 요즘은 아예 '멀티 퍼퓸' 콘셉트의 제
품이 나왔다. 멀티 퍼퓸이란 말 그대로 패브릭, 룸, 보디 어디에든
사용할 수 있는 향수다. 대표적인 멀티 퍼퓸 콘셉트 브랜드로는 '그
랑핸드'가 있다. 향이 감성적이고 유니크하면서도 다양하게 사용
할 수 있다는 점이 Z세대의 마음을 사로잡았다.

　얼마 전까지 Z세대 사이에서 '인센스 스틱'이 인기를 끌었다는
사실도 주목할 만하다. '태우는 향'을 뜻하는 인센스 스틱은 말 그
대로 막대에 불을 붙여 연기와 향을 즐기는 제품이다. Z세대에게
인센스 스틱은 '향테리어템'으로 주목받았다. 향테리어란 실내 공
간을 향으로 채워 들뜨거나 어지러운 마음을 차분하게 안정시키고
기분을 관리한다는 뜻이다.

　Z세대가 향수와 향 제품을 다양하게 활용한 데는 좋아하는 향을
일상에 온전히 스며들게 하고 싶다는 욕구가 숨어 있다. 잠깐 냄새

실내에서 주로 사용하는 인센스
스틱_이은교

를 맡고 끝나는 게 아니라 깨어 있을 때나 자고 있을 때나 좋은 향기
로 주변 환경을 케어하며 행복을 유지하려는 것이다.

신혼 필수 가전의 이유 있는 변화

소비 기준의 변화에 따라 신혼 필수 가전의 종류도 달라지고 있다.
특히 현재 20대 후반~30대 초반인 후기 밀레니얼세대에서 이런
양상이 두드러졌다. 2022년 대학내일20대연구소에서 조사한 결
과[33]에 따르면 신혼 가전 핵심 구매층에 해당하는 후기 밀레니얼세
대(만 27~33세)는 향후 구매하고 싶거나 교체하고 싶은 주방 가전으
로 음식물 쓰레기 분쇄기·처리기(26.6%)와 식기세척기(21.0%)를 주
로 답했다. 생활 가전 영역에서는 스타일러, 에어드레서 같은 의류
관리기(29.6%)와 로봇 청소기(22.5%)를 가장 선호했다. 전통적으로

MZ세대는 어떤 가전제품을 원할까?

가전제품 소비 관련 인식 변화

[Base: 전국 만 27~33세 남녀, n=267, 복수 응답, 단위: %]

향후 구매 또는 교체하고 싶은
주방 가전제품

1위	2위
음식물 쓰레기 분쇄기·처리기 26.6	식기세척기 21.0

향후 구매 또는 교체하고 싶은
생활 가전제품

1위	2위
의류 관리기 29.6	로봇 청소기 22.5

혼수 가전 하면 떠오르는 제품군과는 사뭇 다른 결과다.

식기세척기, 로봇 청소기가 필수 가전으로 주목받는 이유도 가실비다. 과거에는 이것들을 꼭 필요하다고 생각하지 않았다. 가격에 비해 효용 가치가 크지 않았던 셈이다. 그러나 MZ세대는 조금 비싸더라도 일상에서 체감할 만족을 생각해 충분히 구매할 만한 제품으로 평가한다. 가사 노동의 부담을 덜어줄 뿐만 아니라 다양한 관점에서 편익을 증진하기 때문이다. 대학내일20대연구소가 예비 부부와 1인 가구를 대상으로 FGDFocus Group Discussion, 좌담회를 진행한 결과 이런 추측이 사실로 밝혀졌다. 식기세척기를 중심으로 자세히 들여다보자.

식기세척기의 첫 번째 효용은 몸의 고단함뿐만 아니라 마음의 짐도 덜어준다는 점이다. 맞벌이가 일반화되면서 20~30대 신혼부부 사이에서 가사 분담이 중요한 이슈로 떠올랐다. MZ세대 신혼부

부는 가사 노동의 부담을 줄여주는 식기세척기를 갈등을 해소해주고 가정의 평화를 지켜주는 존재라고 생각한다.

두 번째로 식기세척기는 취미 생활을 더 잘 즐길 수 있게 돕기도 한다.

> "이전에는 설거지하기가 귀찮아서 밥과 반찬을 그냥 접시 하나에 담아서 대충 먹었는데요. 식기세척기 덕분에 설거지 부담이 많이 줄어서 요리를 자주 하고 좀 더 차려 먹게 됐어요. 식사 시간이 즐거워졌어요."

한 FGD 참여자의 이야기다. MZ세대에게 요리는 필수 일과가 아닌 하나의 취미다. 홈쿡과 홈카페를 즐기고 음식을 예쁘게 플레이팅해 SNS에 올릴 사진을 찍기도 한다. 이런 취미를 제대로 즐기려면 그릇이 많이 필요하기 때문에 설거지거리도 늘어날 수밖에 없는데 식기세척기가 있으면 부담이 줄어든다.

마지막으로 코로나19로 인해 라이프 스타일이 빠르게 변화하면서 새로운 효용 가치를 느끼게 됐다. 요즘에는 주로 음식을 배달시켜 먹거나 외식을 해서 요리를 안 하는 집도 많은데 왜 식기세척기가 필요한지 이해가 안 되는 사람도 있을 것이다. 그러나 이런 식생활 행태의 변화는 오히려 새로운 니즈를 만들었다. 바로 일회용품 세척에 대한 욕구다. 배달 음식으로 인한 일회용품 사용 증가로 환경 오염이 사회적 이슈로 떠오르면서 재활용이 가능하도록 용기를 깨끗이 씻어 배출해야 한다는 인식이 높아진 것이다.

이처럼 식기세척기와 로봇 청소기 같은 가전은 라이프 스타일

나도 질렀다 다이슨
비싸지만 제값한다 아침마다 행복!!!!!

대표적 가실비템으로 알려진 다이슨 에어랩 멀티
스타일러

변화와 함께 새롭게 떠오른 욕구를 다각도로 채워줬다. 의류 관리기나 건조기, 신발 관리기도 마찬가지다. 가사 노동의 부담을 줄여줄 뿐만 아니라 삶의 질을 높여준다는 점에서 MZ세대는 효용이 크다고 평가한다. 가정에서도 세탁 전문 서비스를 받은 것처럼 고품질의 세탁을 경험할 수 있기 때문에 구매할 가치가 충분하다고 판단한다.

50만 원대의 고급 헤어 스타일링 기기 '다이슨 에어랩 멀티 스타일러'를 구매하는 이유도 마찬가지다. 일반 헤어 스타일링 기기보다 10배는 비싸지만 미용실에서 스타일링을 받은 듯한 효과를 매일 낼 수 있다는 점에서 가실비가 높다고 생각한다.

그 밖에도 2022년에는 다양한 가전제품이 MZ세대의 주목을 받았다. 대표적으로 '틔운 미니'가 있다. LG전자가 새롭게 출시한 실내용 식물 재배기로 2022년 3월 사전 예약을 진행했는데 6일 만에 조기 완판될 정도로 반응이 뜨거웠다.

이런 '취향 가전'의 인기 역시 소비 기준의 변화와 관계가 있다. 특별한 날에만 마시던 와인이 MZ세대의 일상으로 들어오면서 와인 보관과 숙성에 용이한 와인셀러가 인기를 얻기 시작했다. '식집사●'라는 신조어가 생길 정도로 식물에 애정을 가지는 사람이 늘어나면서 식물 재배기가 등장했다. 라이프 스타일이 변화하면서 취향 가전도 값비싼 사치품이 아닌 내 일상을 더 이롭게 가꿔주는 가실비템의 영역으로 들어온 것이다.

가실비가 소비의 합리성을 판단하는 기준이 되면서 일상에서 다방면으로 효용을 계속 체감할 수 있는 가전이 뜨고 있다. 가사 노동의 부담을 덜어주는 것은 기본이고 세대 구성원 간 갈등과 감정 소모를 줄여주거나 퀄리티 높은 결과물과 서비스를 제공해 일상의 만족을 높여주거나 취미 생활을 더 잘 즐길 수 있도록 도와주는 모든 것에 MZ세대는 기꺼이 돈을 지불한다. 지금 당장 Z세대가 프리미엄 가전을 구매할 일은 드물 것이다. 하지만 더 나은 일상을 유지하려는 의지가 큰 만큼 향후 Z세대가 주요 소비층으로 자리 잡을 때까지 가실비라는 소비 기준은 계속될 것으로 보인다.

● 애정을 갖고 반려식물을 기르는 사람

CHAPTER 12

소비에도 디깅이 필요하다

Z세대는 갓생을 살기 위해 미지의 영역을 과감하게 넘나든다. 무언가를 더 깊게 배우고 즐기면서 자신의 취향과 가치를 확장하는 데 비용을 아끼지 않는다. 이런 Z세대의 소비 방식을 '디깅 소비'라고 부른다.

디깅이란 '깊이 파묻혀 있는 것을 캐낸다'는 의미로 채굴이나 채광을 할 때처럼 좋아하는 것을 깊게 파고드는 것을 뜻한다. Z세대는 디깅을 통해 지식과 경험을 쌓는다. 그렇게 특정 분야를 더 잘 알게 될수록 소비의 가치가 자신에게 내재화된다고 여긴다. 따라서 이들은 무언가를 더 깊게 배우고 경험을 쌓는 것을 나를 위한 투자라고 생각한다. 시간과 돈을 들여 체득한 지식은 쉽게 사라지지 않고 내면에 축적되기 때문이다.

코로나19 직후에는 등산, 캠핑 등 야외활동으로 과거에 누리던 평범한 일상을 지켜내려는 경향이 강했다. 하지만 코로나19가 사그라든 요즘 Z세대는 여가를 예전보다 더 적극적으로 향유하고 깊게 파고들 수 있는 영역을 소비하고자 한다.

▼

시간과 비용을 투자해야 깊어진다

위스키, 와인 같은 고가의 술을 즐기는 Z세대가 늘고 있다. 2020년과 2022년을 비교한 최근 조사 결과[34]에서도 MZ세대의 맥주, 소주, 막걸리 음용 비율은 감소한 반면 와인, 샴페인, 위스키 같은 프리미엄 주류의 음용 비율은 5퍼센트포인트 내외 증가했다. Z세대는 이제 술을 취하기 위해 마시지 않는다. 배우고 경험할 수 있는 다양한 술을 찾아나서기 시작했다.

최근 몇 년 사이 편의점이나 카페 등 일상에서 위스키와 와인을 쉽게 접할 수 있게 됐다. 샴페인바, 위스키바, 하이볼바같이 특정 주류를 전문으로 판매하는 가게도 많이 생겼다. '금토일 샴페인빠'라는 의미를 가진 '금샤빠'는 MZ세대 사이에서 핫 플레이스로 주목받고 있다. 보통 와인바에서 부차적으로 즐기던 샴페인을 주로 판매한다. 2021년에 문을 연 '첼시스하이볼'이나 '프로그 하이볼바' 같은 위스키 전문 매장도 Z세대에게 인기가 좋다. 워낙 찾는 사람이 많아 들어가려면 줄을 서야 하지만 그동안 잘 접하지 못했던 다양한 주류를 경험하고 음용법과 맛, 레시피 등을 더 깊게 알아가기 위해 고생을 마다하지 않는다. 힘들게 예약까지 하면서 프리미엄 주류를 즐기려는 이유가 무엇일까?

Z세대의 변화하는 음주 문화

최근 3개월 내 음용한 주종 상위 10개 연도별 비교

[Bass: 만 19~41세 남녀, n=900, 복수 응답, 단위: %]

■ 2020년 하반기　■ 2022년 상반기

구분	전체	'22-'20 Gap (%p)			
(Base)	(900)	전체	Z세대	후기 밀레니얼세대	전기 밀레니얼세대
국산 맥주(테라, 카스, 클라우드 등)	85.3 / 80.3	▼5.0	▼9.4	▼6.0	▼1.2
수입 맥주(하이네켄, 호가든 등)	70.8 / 64.1	▼6.7	▼11.3	▼4.0	▼5.3
희석 소주(참이슬, 처음처럼 등)	61.1 / 55.0	▼6.1	▼12.7	▲0.9	▼7.5
막걸리(지평, 장수 등)	49.3 / 44.1	▼5.2	▼15.3	▲0.4	▼2.0
와인·샴페인	33.8 / 38.3	▲4.6	▲4.3	▲6.7	▲3.1
과일 맥주(망고링고, 호가든로제 등)**	27.8	-	-	-	-
과일 소주(자몽에이슬, 순하리 처음처럼 등)	28.8 / 27.3	▼1.4	▼1.4	▲1.3	▼4.8
수제 맥주(크래프트맥주, OO브루어리 등)	28.1 / 26.8	▼1.3	▲0.1	▼2.2	▼1.6
과실주(와인 제외 매화수, 복분자주 등)	22.2 / 22.7	▲0.4	▼1.5	▲4.9	▼2.0
위스키(조니워커, 발렌타인, 하이볼 등)	17.0 / 22.4	▲5.4	▲6.5	▲6.3	▲4.2

*2022년 기준 정렬 **과일맥주의 경우 2020년 하반기 조사에 포함되지 않은 항목

　　와인, 위스키 같은 술은 오랜 역사를 가지고 있고 제품마다 얽힌 스토리도 다양하다. 무언가 파고들기를 좋아하는 Z세대는 탄생 배경, 음용법, 제조 방법, 문화 등을 깊이 탐색할 수 있다는 점에서 프리미엄 주류를 즐긴다. 크림 파스타에는 산도가 높은 화이트 와인을, 튀긴 음식에는 청량감을 주는 하이볼을 곁들이는 등 술과 음식의 조화를 고민한다. 지금 마시는 술과 관련해 몇 년도 어디에서 어

금샤빠를 방문한 뒤 취향에 맞는 샴페인을 기억하려고 기록한 인스타 스토리

떤 스토리가 있는지를 먼저 탐색한다. 이들에게 술은 그저 술잔에 따라 마시는 음료에 그치지 않는다. 프리미엄 주류를 제대로 알고 즐기는 행위는 곧 지식과 견문을 넓히고 자기 가치를 높이는 것과 다름없기 때문이다.

몇 년 전에도 새로운 것을 배우기 위해 각종 원데이 클래스를 수강하는 이들이 많았다. 디깅 소비는 넓고 얕은 체험으로 끝나지 않고 시간과 비용을 꾸준히 투자해 진짜 내 것으로 만든다는 점에서 원데이 클래스와 결정적인 차이가 있다. Z세대에게 고급문화를 공부하고 경험하는 행위는 좋은 소비다. 배움이야말로 자기 안에 축적되는 가치 있는 행위로 여기기 때문이다.

Z세대가 디깅하는 방법

Z세대는 좋아하는 분야를 디깅하기 위해 주요 기사나 이슈, 핵심 정보를 요약해 이메일로 발송하는 뉴스레터를 적극적으로 구독한다. 대학내일20대연구소의 조사 결과[35]에 따르면 MZ세대의 47.2퍼센트는 월 1회 이상 뉴스레터를 보고 3명 중 1명(33.1%)은 주 1회 이상 확인한다. 요즘 들어 특히 한 분야를 깊이 파고들며 즐기려는 소비자가 늘어났다 보니 아예 특정 분야를 전문적으로 다루는 뉴스레터 채널과 콘텐츠가 주목받고 있다.

예를 들어 이런 식이다. 주말에 즐기기 좋은 다양한 놀거리를 큐레이션하는 뉴스레터 〈주말랭이〉는 인기 있는 맛집이나 카페 추천 같은 기본적인 여행 정보만 소개하지 않는다. 날씨와 시기를 반영한 레저 활동, 여행 기간별 맞춤 코스 등 이번 주말을 구체적으로 어떻게 보내면 좋을지 알려준다.

Z세대에게 어떤 뉴스레터를 구독하고 있는지 조사한 결과도 흥미롭다. 실제로 이런 답변을 받았다.

"<드링킷>이라는 뉴스레터를 보고 있어요. 기존에 소주나 맥주만 마시던 사람들이 새로운 술에 도전하거나 특이한 술자리를 갈 수 있도록 추천해주는 뉴스레터예요. 술을 좋아하는 제게 딱이에요." _제트워크 시즌 5 참여자 코스(S8093)

"저는 공간에 관심이 많아서 <니츠>라는 뉴스레터를 받아보고 있어요. 다양한 공간을 소개하며 그 공간에 담긴 이야기도 풀어줘서 좋아요." _제트워크 시즌 5 참여자 박찰리찰리(X1132)

Z세대의 뉴스레터는 시사 정보를 전달하는 것에 그치지 않는다. 고양이 에세이를 소개하는 〈나불나불〉이나 술을 좋아하는 사람들을 위한 〈드링킷〉처럼 구체적인 취향을 공략한다. Z세대는 관심 있는 영역을 일상에서 더 깊게 탐구하길 좋아하며 그렇게 얻은 정보를 매우 가치 있게 여긴다. 그래서 여러 가지 뉴스레터를 기꺼이 구독하고 소비하는 것이다.

아웃풋이 아닌 과정이 중요하다

새벽 4시에 기상하고 오전에 원고지 20매 분량의 글을 쓴다. 오후에 10킬로미터 달리기를 하고 음악 감상과 독서를 한 뒤 저녁 9시에 취침한다. 소설가 무라카미 하루키가 매일 실천하는 루틴이다. 일상을 다듬고 정리하는 데는 루틴만 한 것이 없다. 작은 목표를 세워 착실하게 실천하면서 삶의 균형을 찾을 수 있다. 대학내일20대연구소의 조사 결과 MZ세대 4명 중 3명(77.2%)은 '매일 실천하는 루틴이 있다'고 답했다. 응답자의 70.3퍼센트는 '사소한 성취도 내 삶에 큰 의미가 된다'고 했다.[36]

모닝 루틴, 숙면 루틴 등 일상에서 필요한 나만의 루틴을 만들며 갓생을 실천하는 Z세대의 모습을 쉽게 볼 수 있다. 나아가 노트북 사용 루틴, 세안 루틴 등 사소한 일에서도 자신만의 의식을 만들고자 애쓴다. 과거 MZ세대의 루틴이 습관 만들기에 불과했다면 요즘 Z세대에게 루틴은 '내가 정하는 나만의 과정'이다. 결과보다 스스로 그 과정을 얼마나 진득하게 혹은 재미있게 실천하는지를 중요하게 여긴다.

'오마카세'처럼 전문적이고 고급스러운 서비스를 경험하는 데 아낌없이 투자하는 모습이 대표적인 예다. Z세대에게 오마카세는 단순한 요리가 아니다. 지금 먹고 있는 생선은 어디서 자랐는지, 어떤 부위를 먹고 있고 무슨 소스와 곁들여야 하는지 등 식사에 관해

세프와 즐거운 대화를 나누며 오마카세를 즐기는
Z세대_인스타그램 sorirla

셰프와 자세한 이야기를 나눈다. 그렇게 재료를 깊이 이해하고 천천히 맛을 음미한다. 이 모든 과정을 거치며 가치 있는 소비를 했다고 느낀다.

운동을 하고 SNS에 #오운완, #어다행다* 같은 해시태그를 남기는 이유도 비슷하다. 근육량이나 몸무게 같은 결과보다 오늘의 목표를 하나씩 이뤄나간다는 것 자체에 집중한다.

2022년 초 방영한 티빙 오리지널 드라마 〈아직 최선을 다하지 않았을 뿐〉의 주인공 금필은 극 중 이런 대사를 말한다.

• '어차피 다이어트할 거면 행복하게 다이어트 하자'의 줄임말. 스트레스받지 말고 다이어트를 즐기자는 태도

"잘하는 게 중요한 게 아니야. 온 정성과 힘을 다해 일상의 루틴을 실천하는 게 중요한 법이지."

Z세대는 알고 있다. 작은 과정들이 모여 하루를 만들고 하루가 모여 원하는 삶을 만든다는 것을 말이다.

이런 소비관을 판매 전략에 어떻게 반영할 수 있을까? Z세대는 사소해도 꾸준히 실천하며 성취감을 느낄 수 있는 영역에 지갑을 연다는 점을 떠올려보자. 과정을 즐기는 Z세대 소비자는 좋아하는 것을 디깅하며 팬덤을 형성한다. 시간과 돈을 들여 제품, 브랜드를 알아가는 그 순간부터 애정의 씨앗을 가슴에 심는다. 따라서 Z세대 소비자가 끊임없이 제품이나 서비스, 브랜드를 탐색할 수 있게 기회를 곳곳에 만들어줘야 한다.

팝업 스토어처럼 확실하고 강렬한 경험을 줄 수 있는 이벤트를 진행하기 어렵다면 스토리부터 시작해보자. 브랜드 스토리는 필요보다 의미를 중요하게 생각하는 요즘 세대의 소비 욕구를 자극하기 충분하다. 브랜드가 먼저 제시하는 가치와 방향을 매력적으로 느낀다면 자연스럽게 디깅하게 될 것이다.

대표적인 성공 사례가 바로 '김씨네 과일가게'다. 밀짚모자를 쓰고 다마스에 제품을 실어 전국을 돌아다니는 모습이 과일 장수처럼 보이지만 사실 과일이 아닌 과일 그림이 그려진 티셔츠를 판매하는 브랜드다. 이들은 과일가게에서 쓰는 빨간 바구니에 바나나, 복숭아 같은 그림이 그려진 티셔츠를 곱게 접어 진열하고 박스를 찢어 가격과 제품명을 적어놓는다. 티셔츠를 검정색 비닐봉지에 담아주는 건 덤이다. 만약 평범한 옷가게처럼 옷걸이에 제품을 걸어 팔았다면 Z세대에게 큰 관심을 받지 못했을 거라 확신한다.

이들이 파는 것은 단순한 티셔츠가 아닌 재미있는 경험이다. 그리고 Z세대는 그 경험을 산다. 김씨네 과일가게는 모든 소통을 SNS로만 하다가 최근 인기에 힘입어 대형 백화점 팝업 스토어, 온라인 쇼핑 라이브 방송까지 판매처를 확장했다. 대개 제품 판매 일정과 장소를 하루 전에 SNS로 고지하기 때문에 티셔츠를 사기가 하늘의 별 따기지만 Z세대는 그것조차 떠돌이 장사꾼을 따라다니는 즐거운 여정으로 여긴다. 김씨네 과일가게를 좀 더 디깅하다 보면 힙합계에서 유명한 랩티rap tee* 제작 전문 아티스트라는 김도영 대표의 본캐**까지 알 수 있다. 이렇게 제품과 브랜드에 대해 알아가는 과정이야말로 Z세대가 진짜 갈망하는 소비 방식이다.

앞서 설명한 금샤빠의 사장은 인스타그램에 온·오프라인 샴페인 클래스에 참여하는 사진을 업로드했다. 가게를 홍보하기 위해 인스타그램 계정을 운영하는 음식점들과는 사뭇 다른 행보다. Z세대는 샴페인 전문 매장을 이끄는 오너로서 샴페인을 공부하는 모습에 응원을 아끼지 않는다. 개인의 일상에 불과한 게시글 하나가 소비자에게는 '샴페인에 진심인 매장'이라는 신뢰감을 만들어준 것이다. 과정과 경험을 사랑하는 Z세대 소비자에게 사랑받고 싶다면 디깅할 만한 요소를 곳곳에 심어 브랜드 가치의 스펙트럼을 넓혀보자.

---

* 허가 없이 팬들이 굿즈 형태로 만든 티셔츠
** '본래의 캐릭터'의 줄임말. 부캐(부수적인 캐릭터)와 구분되는 본래의 자신을 의미

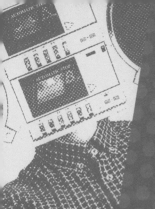

PART 2.

Z세대를
사로잡는
마케팅 코드

CODE 1.

공간

Z세대가
방문하는 핫플의
4가지 특징

2022년 본격적인 엔데믹 시대로 접어들며
오프라인 공간이 다시 주목받고 있다.
성수, 삼각지, 북촌 등 이색적인 공간들이 모여 있는 지역이
다시 붐비고 다양한 경험과 색다른 콘셉트로 무장한
팝업 스토어가 우후죽순 열렸다.
한동안 주춤했던 기업들의 공간 마케팅이
다시 활기를 찾았다.
Z세대가 줄 서기를 마다하지 않는 공간은 어떤 모습일까?
Z세대가 선호하는 핫 플레이스의 특징을
4가지로 정리해봤다.

CHAPTER 13.

브랜드가 아닌
Z세대가
주인공이 되는 공간

인플루언서블 세대자 하이퍼 퍼스널리티를 추구하는 Z세대는 셀프 브랜딩에 적극적이다. 이들은 인스타그램, 블로그, 유튜브 같은 채널에 사진과 글, 영상으로 자신을 드러내며 자신의 캐릭터를 보여줄 수 있는 일상의 순간들을 포트폴리오처럼 쌓아나간다.

Z세대가 셀프 브랜딩에 활용하는 순간은 거창한 게 아니다. 좋아하는 음식, 즐겨 보는 콘텐츠, 새로 시작한 취미처럼 소소한 것이라도 내가 어떤 취향을 가지고 있고 어떤 태도로 삶을 즐기는지를 드러낼 수 있으면 충분하다고 여긴다. 이런 관점에서 공간도 Z세대에게는 매력적인 셀프 브랜딩 수단이다. 트렌디한 공간, 자신의 취향이 담긴 공간을 적극적으로 찾아가 즐기는 모습을 보여주거나 그 공간에서 특별한 경험을 통해 받은 영감을 스토리텔링하며 자신을 표현하고자 한다.

Z세대는 자신이 주인공이 될 수 있는 공간을 찾는다. 기업이나

브랜드를 중심에 두고 수동적인 소비자나 관찰자가 되는 것이 아닌 능동적으로 자신의 이야기를 표출할 수 있는 곳을 원한다. 이런 Z세대를 공략하려면 소비자가 공간에서 자신을 표현하고 브랜딩할 수 있게 만들어야 한다. 자신만의 스토리를 자연스럽게 풀어나갈 수 있도록 말이다. Z세대가 주인공이 된 공간은 어떤 곳들이 있는지 살펴보자.

▼

나만의 기록을 남길 수 있는 포셋과 글월

연희동에 있는 '포셋'은 엽서와 문구를 판매하는 문구점이다. 판매 중인 엽서만 약 3000여 개에 달해 '엽서 도서관'으로 불리며 각기 다른 디자인의 엽서를 둘러보는 재미가 있는 곳이다. 매장에는 구매한 엽서를 바로 사용할 수 있도록 1인용 테이블과 의자가 마련돼 있다. 포셋의 독특한 점은 자신의 이야기를 기록한 엽서, 편지, 일기장이나 추억이 깃든 물건 등을 모아 보관하는 '기록 보관함'이 있다는 것이다. 단순히 문구만 판매하는 것이 아닌 추억을 저장하는 장소와 시간을 판매함으로써 특별함을 더했다.

포셋은 공간에 자신의 브랜드를 드러내기보다 고객의 이야기에 집중했다. 스토리텔링을 통해 포셋에 방문하는 사람에게 자신을 돌아볼 자리를 마련했다. 단순히 엽서나 문구를 사러 온 사람도 '내 이야기를 한번 적어볼까?' 생각하게 만든다. 이런 아날로그적인 요소에 Z세대들이 긍정적으로 반응했다. 2022년 6월에 오픈한 이곳

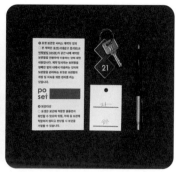

기록 보관함 서비스를 제공하는 포셋_포셋

은 가오픈 기간부터 입소문을 타기 시작해 현재는 연희동 핫 플레이스 중 한곳으로 자리 잡았다.

　바로 근처에 있는 '글월'도 살펴볼 만하다. 이곳은 편지와 관련된 제품과 서비스를 제공하는 곳이다. 편지지는 물론 만년필이나 무드등, 향수같이 '편지' 하면 생각나는 다양한 제품을 만날 수 있다. 그중에서도 '1월에 쓰고 6월에 받는 편지'는 글월만의 특별한 서비스다. 1월에 연인이나 자신에게 새해 결심을 담은 편지를 작성하면 6월에 발송해준다. 하반기가 시작되기 전 그해의 다짐을 상기하며 마음을 재정비할 수 있어 눈길을 끌었다.

　글월에서 누릴 수 있는 또 다른 독특한 경험은 익명의 타인과 편지를 주고받을 수 있다는 것이다. 편지지를 구매한 뒤 편지를 적어 사장에게 건네면 금액을 지불하고 익명의 누군가가 써놓은 편지를 받을 수 있다. 펜팔이 가능한 것이다. 이곳도 매장 한편에 편지를 작성하는 공간과 각종 필기구가 준비돼 있다.

편히 앉아 편지를 쓰고 갈 수 있는 글월의 테이블_제혜정

포셋이나 글월에는 특별함이 있다. 이 공간에서의 경험은 단순히 물건을 사고 예쁜 사진을 남기는 것에서 그치지 않는다. 기록 보관함을 통해 추억을 꾸준히 쌓아가거나 누군가와 편지로 이야기를 주고받는 등 이색적인 경험을 하며 수동적인 소비자가 아니라 능동적인 주인공이 되는 것이다.

브랜드와 제품보다는 콘셉트와 경험이 중요하다

Z세대를 주인공으로 만들어주는 것은 팝업 스토어에서 특히 중요한 요소다. 자신의 이미지를 촘촘히 관리하는 Z세대는 스스로 주체가 돼 브랜드와 공간을 경험하는 순간을 SNS에 적극적으로 담아낸다. 반면 자신이 객체가 된 순간은 잘 기록하지 않는다. 예를 들자면 특정 해시태그를 달아 올리면 체험이나 경품을 증정하는 이벤트

같은 것은 선호하지 않는다. 이런 방법으로는 Z세대의 적극적 참여를 이끌어내기가 어렵다. SNS에 글을 올려 참여를 하더라도 금방 지워버리고 만다. 자신의 경험이 단순히 브랜드의 홍보물로 소모되기를 원하지 않기 때문이다.

그렇다 보니 이제는 팝업 스토어에서 브랜드나 제품을 내세우지 않는 것이 대세가 됐다. 브랜드와 제품을 메인으로 두기보다는 소비자들이 원하는 콘셉트와 경험을 제공하는 것이 우선이다. 이를 잘하고 있는 브랜드가 바로 시몬스다. 시몬스는 팝업 스토어를 열때 메인 상품인 침대를 내세우지 않는다. 2020년에는 철물점을 콘셉트로 뉴트로한 감성을 담아낸 '시몬스 하드웨어 스토어'로 인기를 끌었고 2022년에는 청담에 '시몬스 그로서리 스토어'를 열었다. 침대와는 거리가 먼 해외 식료품점을 콘셉트로 팝업 스토어를 꾸민 것이다. Z세대 사이에서 '런던 베이글 뮤지엄'이나 '에스프레소 바'같이 외국의 분위기를 느낄 수 있는 공간들이 핫 플레이스로 떠오른다는 점을 잘 포착한 것이 흥행 요인이었다. 시몬스의 팝업 스토어는 소비자들이 원하는 콘셉트를 제공해 Z세대가 찾아가고 인증하고 싶은 공간이 됐다.

패션 브랜드 파인드카푸어가 성수동 연무장에 오픈한 '마티 스토어'도 좋은 예다. 이곳은 비디오, LP 같은 소품을 활용해 1990년대 렌털 숍처럼 꾸민 공간이다. 다채로운 색상으로 유명한 파인드카푸어의 가방을 곳곳에 배치해 키치한 분위기를 살렸다. 여기서 주목할 점은 파인드카푸어의 시그니처 제품인 마티백을 빌려주는 서비스다. 신분증이나 가방을 맡기면 마티백을 하루 동안 빌릴 수

90년대 렌털 숍 분위기로 꾸며
진 파인드카푸어의 마티 스토어_
파인드카푸어

있다. SNS에 착용샷을 업로드하면 소정의 사은품을 증정하는 이벤
트도 진행했다. 렌털 서비스를 통해 매장은 물론 힙한 동네인 성수
동 전체를 포토 스폿으로 활용하게 만든 이 기획은 Z세대에게 제대
로 인기를 끌었다. 렌털 숍이라는 콘셉트에 제품을 자연스럽게 녹
여내고 팝업 스토어가 아닌 다른 공간에서도 제품을 경험할 수 있
는 신선한 기회를 제공한 것이 자발적 인증으로 이어진 것이다.

라이프 스타일 편집숍 위글위글과 플레이인더박스가 협업해 더

ASMR 콘텐츠를 체험할 수 있는
위글위글 팝업 스토어_플레이인
더박스

현대에서 진행한 팝업 스토어도 좋은 예다. 포토 박스, 핑크풀 등 다
양한 즐길거리가 있었는데 그중에서도 ASMR 콘텐츠를 찍을 수 있
는 ASMR 박스가 특히 이목을 끌었다. ASMR 촬영용 마이크와 카
메라, 조명까지 완벽하게 갖춘 공간에서 이용자들은 젤리 키트를
활용해 영상을 촬영하는 재미를 즐겼다. ASMR 영상을 찍기 위해
위글위글 팝업 스토어에 방문하는 Z세대가 있을 정도였다. 촬영이
끝나면 영상 촬영본과 섬네일도 받을 수 있었다. 브랜드보다는
ASMR이라는 색다른 경험에 초점을 맞춰 Z세대가 SNS에 즐겁게
인증할 수 있는 마케팅을 펼친 것이다. Z세대가 주인공이 돼 부담
없이 콘텐츠를 즐길 수 있도록 무대를 만들어줌으로써 차별화된
브랜드 이미지를 알릴 좋은 기회를 얻었다.

　이렇게 Z세대를 타깃으로 마케팅 공간을 만들고 싶다면 Z세대
가 선호하는 콘셉트와 경험에 집중해보자. 단, 브랜드와 제품을 배

경이나 소품으로 자연스럽게 녹여내야 한다. Z세대를 주인공으로 만들고 이들이 공간을 통해 자신의 이야기를 마음껏 펼칠 수 있도록 판을 깔아준다면 긍정적인 브랜드 이미지와 후기를 모두 확보할 수 있을 것이다.

CHAPTER 14

자신의 취향을
디깅할 수 있는 공간

자신을 더 선명하게 그려내고자 하는 Z세대는 취향을 디깅하기를 즐긴다. 어떤 취미든 한두 번 즐기고 끝나는 것이 아니라 더 깊게 파고들고 싶어 한다. 반려식물에 빠진 식집사는 원하는 식물이나 토분을 사기 위해 오픈런°과 피케팅°°을 마다하지 않는다. 인테리어에 관심 있는 사람은 오늘의집이나 핀터레스트에서 종일 가구와 소품을 찾아본다.

이렇게 좋아하는 것을 더 알고 싶다는 에너지는 내 취향이 담긴 공간을 찾아 즐기는 행위로도 이어진다. 최근 들어 Z세대가 디깅하고 싶어 하는 니치nicchia°°°한 취향을 담아낸 공간들이 핫 플레이스

° '오픈open'과 '런run'의 합성어. 희소성 있는 물건을 사기 위해 매장 오픈 전부터 기다렸다가 매장이 열면 바로 달려가 구매하는 것을 의미

°° 피가 튀는 치열한 티케팅

°°° '틈새'를 뜻하는 이탈리아어에서 파생된 말. 잘 알려지지 않은 것을 의미

로 뜨고 있다. Z세대는 어디서 자신의 취향을 탐구하고 공유하는지 살펴보자.

▼

식집사를 위한 공간

요즘 Z세대 사이에서는 플랜테리어, 가드닝 등 식물을 기르는 것이 유행이다. 식집사를 자처하는 사람들이 늘고 있고 식물원처럼 꾸민 카페나 숲에 온 듯한 느낌을 주는 전시장 등 식물을 콘셉트로 한 테마 공간을 쉽게 찾아볼 수 있다.

단순히 한 번 체험하고 끝나는 것이 아니라 식물에 대해 더 깊이 파고들고자 하는 사람들을 위한 공간도 증가하고 있다. 프로젝트 렌트에서 열린 '선데이플래닛47 팝업 스토어'는 식집사를 위한 다양한 프로그램을 진행했다. 고객이 자신의 선데이플래닛 제품을 가져오거나 현장에서 식물과 토분을 구매한 경우 팟팅 어레인지 바에서 무료로 분갈이 서비스를 제공했다. 오픈 기간 내내 플랜트 클래스도 진행했다. 그중 '아심다: 아무거나 심지 않는다'라는 원데이 클래스에서는 분갈이 과정과 각 식물의 습성에 대해 알려줬다. 초보, 고수 할 것 없이 식물에 관심이 있다면 누구나 즐기고 배울 수 있는 프로그램을 구성해 이목을 끌었다.

가든 어스 AK플라자 분당·광명점과 연희대공원점의 식물 호텔도 빼놓을 수 없다. 반려동물 호텔처럼 식물을 돌보기 어려울 때 잠깐 맡기는 서비스가 등장한 것이다. 식물의 종류와 습성에 맞춰 온

❶ 분갈이 서비스를 제공하는 팟팅 어레인지 바_선데이플래닛47
❷ 식물 호텔 서비스를 제공하는 가든어스_가든어스

도와 습도, 조명, 물 주기 등 케어 서비스를 대신해주는 호텔이다.

　이곳에서는 식물 호텔 서비스뿐만 아니라 분갈이 서비스와 식물, 화분 큐레이션 서비스를 제공한다. 각종 홈 가드닝 제품 역시 판매하고 있다. 버려지는 식물이 없도록 개인 사정으로 키우기 어려워진 식물을 새 주인과 연결해주는 중고 순환 서비스도 만나볼 수 있다. 2022년 6월에는 장마철을 맞아 '천하 장마 팝업 스토어'를 진행해 식물 관리 지침서와 병해충을 예방할 수 있는 훈탄을 무료로 증정했다. 또 장마철에 필요한 각종 식물 영양제 세트를 판매하며 식집사 맞춤형 공간을 꾸몄다.

케이팝 팬을 위한 팝업 스토어

케이팝 아이돌 NCT DREAM은 정규 2집 〈글리치 모드〉를 발매하고 성수동에 '글리치 아케이드 센터 팝업 스토어'를 열었다. 앨범 콘셉트와 동일하게 오락실처럼 꾸민 공간이었다. 과거 품절됐던 굿즈는 물론 멤버별 8비트 캐릭터 조형물과 포토 존까지 알차게 마련했다. 오락실 콘셉트에 맞게 게임 존까지 따로 구성했다. 뮤직비디오 세트장을 재현한 공간에 굿즈 뽑기 기계, 멤버들이 캐릭터로 등장하는 8비트 게임기 등 다채로운 즐길거리를 마련했다.

이 팝업 스토어는 가수의 흔적을 찾는 재미가 있다는 점 때문에 Z세대 팬들이 열광했다. 미리 팝업 스토어를 다녀간 멤버들이 직접 곳곳에 낙서를 남겨놓은 것이다. 게임기에도 멤버들의 점수가 랭킹돼 있어 이 기록을 갱신하기 위해 몰두하는 팬들을 쉽게 찾아볼 수 있었다. 동전 교환기나 바닥 타일 같은 세심한 부분까지 콘셉트에 맞게 꾸며 팬들이 과몰입하기에 충분했다. 보통 오프라인으로 굿즈를 구매하는 곳 정도로 여겨지던 아이돌 팝업 스토어를 앨범 콘셉트를 체험하는 공간으로 새롭게 구성한 것이다.

이처럼 Z세대는 자신의 취향을 디깅하고 함께 나누는 것을 즐거워한다. 같은 취향을 가진 사람들을 모으기도 한다. Z세대 취향을 위한 공간을 기획하고 싶다면 이들이 과몰입할 수 있도록 작은 소품까지 세심히 준비하는 것을 추천한다. 자신의 취향을 드러낼 수 있는 공간이 있다면 Z세대는 얼마든지 그곳에서 디깅할 준비가 돼 있다.

NCT DREAM의 정규 2집 발매와 함께 시작한 글리치 아케이드 센터 팝업 스토어_블로그 자이니

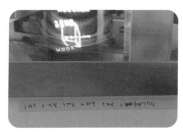 

멤버들이 직접 팝업 스토어에 남겨놓은 낙서_블로그 자이니

조이 스틱으로 즐기는 자체 제작된 NCT DREAM
팝업 스토어 전용 게임 기계_블로그 자이니

CHAPTER 15

굳이 성수가
아니어도 되는 이유

Z세대가 가장 핫하다고 손꼽는 동네는 어디일까? 2022년 대학내일20대연구소에서 조사한 결과 서울의 핫 플레이스로 홍대가 1위 (32.2%), 성수·서울숲이 2위(25.6%), 이태원·경리단길이 3위(24.6%)를 차지했다.[37] 실제로 팝업 스토어, 카페, 음식점 등 Z세대가 자주 방문하는 핫 플레이스는 홍대와 성수·서울숲에 몰려 있다. 특히 성수는 마케터들 사이에서 '공간 마케팅의 성지'로 불릴 만큼 수많은 팝업 스토어가 들어선다.

마케터라면 어디에 팝업 스토어를 오픈해야 할지 머리를 싸맨 경험이 한 번쯤 있을 것이다. 홍대나 성수 같은 팝업 스토어 성지에 열자니 다른 브랜드와 차별점이 없을 것 같고 새로운 곳에 열자니 과연 Z세대가 많이 찾아올지 우려되지 않았는가? 하지만 반드시 홍대나 성수일 필요는 없다. 간판도 없이 골목골목 숨어 있는 을지로나 종로의 핫 플레이스를 떠올려보자. Z세대는 매력적인 공간이라면 얼마든지 시간을 내어 방문한다. 일례로 최근에는 삼각지가 핫 플레이스로 떠오르고 있다.[38] 유행하는 지역은 돌고 돌기 마련이다. 자신의 색깔과 잘 어울리는 동네를 선택해 마케팅 공간을 구성한 브랜드를 살펴보자.

▼

'핫 플레이스=성수'의 공식을 깬 공간들

'핫 플레이스는 성수에서 시작된다'는 공식을 깬 브랜드가 있다. 바로 그로서리 스토어 '365일장'이다. 365일장은 전통이 깊은 광장시장에 트렌디한 가게를 열었다. 광장시장에서 3대째 박가네 빈대떡이라는 가게를 운영해온 대표가 젊은 세대도 시장을 즐기게 만들고 싶다는 일념으로 오픈한 공간이다. 전통 음식점과 상점이 즐비한 광장시장에서 365일장은 독특한 외관으로 단박에 눈길을 사로잡는다. 1층에는 각종 전통주와 와인을 한데 모아놓은 진열장이 있다. 매장 한쪽에서는 티셔츠, 필름 카메라, 마스킹 테이프 등 각종 굿즈를 만나볼 수 있다. 광장시장에서 쉽게 맛볼 수 있는 족발, 만두, 순대 같은 음식을 재해석한 음식을 판매하는 '365 키친'도 마련돼 있다. 4층에는 종로가 한눈에 내려다보이는 루프탑 와인바 '히든아워'가 있다.

365일장만의 매력 포인트는 전통 시장에 어울리지 않는 현대적인 인테리어와 감각적인 콘셉트다. 핫한 지역을 떠올렸을 때 바로 연상되지 않는 독특한 장소에 그로서리 스토어다운 공간을 잘 구

❶ 광장시장 내 위치한 그로서리 스토어 365일
장_인스타그램 marketingfactory
❷ 강원도 양양 서퍼비치에 오픈한 블랙위너 수박
임시 매장_관심급구 프로젝트

축했다. 홍대나 상수를 피한 것이 오히려 브랜드의 특별함을 더 효
과적으로 보여줬다. 누구도 예상하지 못한 동네에 잘 구축된 공간
이라는 점을 소비자들이 신선하게 느낀 것이다.

지방에도 떠오르는 핫 플레이스가 있다. 강원도 양양이다. 특히
서핑을 즐기는 힙한 Z세대의 모임 장소로 양양 서퍼비치가 각광받
으면서 여름 휴가철 이곳에 팝업 스토어를 여는 브랜드가 증가하
는 추세다.

LF 헤지스는 2022년 8월 중순까지 서퍼비치와 인구해변 근처에
서 팝업 스토어를 열었다. 선베드와 서핑보드 소품을 활용해 휴양
지 콘셉트로 꾸미고 '헤리아토 캠페인'을 진행했다. 헤지스를 대표
하는 핸드백을 진열하고 이벤트에 참여하면 비치백과 비치 타월을
경품으로 증정했다.

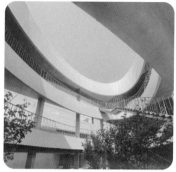

감각적인 인테리어를 살펴볼 수 있는 복합 문화 공
간 미래농원_mrmw

롯데마트 역시 새롭게 개발한 블랙위너 수박을 알리기 위해 서
퍼비치를 택했다. 밀짚 파라솔을 활용한 부스에서 블랙위너 수박
주스와 수박 바를 판매했다. 더운 여름을 식혀줄 이벤트로 이목을
끌었다.

대구에 오픈한 복합 문화 공간 'mrmw(미래농원)'도 살펴볼 만하
다. 이곳은 음식과 커피, 전시를 함께 경험할 수 있는 복합 문화 공
간으로 붉은 외벽이 트레이드마크로 꼽힌다. 특히 현대적인 구조
물과 조경이 감각적인 조화를 이루며 힙한 사진을 부르는 포토 스
폿으로 인기를 끌고 있다. 다양한 경험을 할 수 있다는 장점 때문에
수도권에서 찾아가는 Z세대도 있을 정도다.

Z세대를 사로잡는 공간을 만들고 싶다면 무조건 유명한 동네보
다 브랜드 색에 맞는 동네에 만들어보는 건 어떨까? 브랜드에 신선

한 이미지를 가져다줄 수 있는 것은 물론 사람이 붐비지 않아 임대료가 저렴하다 보니 예산을 효율적으로 사용할 수 있다.

정체성이 가장 중요한 요소다. 자기 브랜드의 성격을 잘 파악하고 공간을 통해 전하고 싶은 메시지를 명확하게 설정했다면 그 장소로 꼭 홍대와 성수를 고집할 필요는 없다.

CHAPTER 16.
온라인과 오프라인의
경계가 흐려져
확장된 공간 경험

코로나19 이후 온라인과 오프라인의 경계가 흐려지고 있다. 과거에는 오프라인이 모든 경험의 주무대였지만 온·오프라인을 이어주는 다양한 서비스가 등장하면서 사람들의 인식이 달라졌다. 웨이팅 플랫폼을 통해 공간을 알아보고 예약하는 것이 자연스러운 일이 됐고 오프라인 공간을 체험할 때 온라인과 연계된 경험을 함께 제공하거나 앱으로 참여 순서나 정보를 공유하는 경우도 많아졌다. 즉, 오프라인 공간과 관련한 디지털 경험까지 아울러 공간 경험으로 생각하게 된 것이다.

Z세대는 더 이상 물리적으로 공간에 있는 순간에만 브랜드를 경험하지 않는다. 핫 플레이스에 방문하기 전 인스타그램이나 홈페이지에서 정보를 미리 알아보는 것, 온라인 예약 시스템을 이용해 예약을 하거나 줄을 서는 것, 현장에서 특별한 경험을 만끽하는 것, 온라인에 후기를 업로드하는 것까지 전부 브랜드 경험으로 받아들

인다. 공간 경험의 의미가 확장된 시대, Z세대의 어떤 니즈에 주목
해야 할지 살펴보자.

▼

방문하는 과정도 경험으로 인지하는 Z세대

코로나19를 거치며 웨이팅에 대한 인식이 많이 달라졌다. 이전에
는 핫 플레이스라면 대기가 필수라고 생각했고 사람들이 길게 줄
지어 늘어서 있는 모습이 성공의 지표처럼 여겨지기도 했다. 그러
나 코로나19가 시작되고 사전 예약 시스템을 도입하는 공간들이
늘어났다. 무작정 방문해서 줄을 서는 것보다 미리 정보를 알아본
뒤 예약하고 가는 것이 더 편하다는 인식이 자리 잡았다. 이로 인해
자연스럽게 네이버 예약, 테이블링, 캐치테이블 등 예약 플랫폼이
활성화됐다.

　몇몇 핫 플레이스는 피케팅이라 불릴 정도로 예약 경쟁이 치열
하지만 Z세대는 이를 번거롭게 생각하지 않는다. 오히려 예약하지
않고 찾아가 하염없이 기다리는 것을 선호하지 않는다. 예약이 불
가능한 곳에 가고 싶거나 즉흥적으로 핫 플레이스에 방문했을 때
도 테이블링 같은 키오스크나 종이에 핸드폰 번호를 적은 뒤 자리
가 나면 알림을 받는 웨이팅 방법을 더 선호한다. 이렇게 줄 서서 기
다리는 것을 불편하다고 생각하는 소비자들이 늘자 웨이팅 시스템
을 제공하는 공간이 늘어나기 시작했다.

　최근에는 이와 관련해서 '0차'라는 신조어까지 생겼다. 방문하려

시나모롤 스위트 카페의 포토 존과 메뉴_인스타그램 hell0_wendy

는 핫 플레이스와 멀지 않은 곳에서 애피타이저를 먹거나 간단한 차와 커피를 즐기며 시간을 보내는 것을 1차보다 전 단계인 0차라고 한다. 예약을 걸어놓고 대기하는 동안 다른 곳에서 시간을 보내는 문화가 생기다 보니 나타난 현상이다.

달라진 웨이팅 문화를 잘 반영한 공간을 살펴보자. 우선 홍대에 문을 연 '시나모롤 스위트 카페'다. 시나모롤은 Z세대가 폰꾸*에 자주 활용하는 인기 캐릭터다. 이 카페를 가려면 네이버에서 미리 티케팅을 해야 한다. 예약 시스템이 오픈되면 몇십 초 만에 매진되기 때문에 예약 자체가 쉽지 않다. 예약 없이 매장에 가서 순서를 기다릴 수도 있지만 기본 1~2시간은 각오해야 한다.

Z세대는 좋아하는 카페에 방문하기 위해 몇 주 전부터 준비하는

• 핸드폰 꾸미기의 줄임말. 주로 핸드폰 바탕화면 테마, 카카오톡 테마 등을 바꾸거나 핸드폰 케이스를 꾸미는 것을 의미

알록달록한 서울앵무새의 시그니처 포토
존_서울앵무새

것을 번거롭게 생각하지 않는다. 치열한 예약 과정을 이겨냈다는
것이 성취감과 특별한 추억으로 다가오기도 한다. 치열한 티케팅
에서 승리했다는 것 자체가 SNS에 올릴 자랑거리가 된다. 그렇게
예약하는 순간부터 느낀 설렘은 공간을 방문할 때까지 이어진다.
브랜드 입장에서도 혼잡한 상황에서 현장 대기자를 관리하는 것보
다 예약 시스템으로 관리하는 것이 덜 부담스럽다.

성수에 화려한 외관을 자랑하는 베이커리 카페가 있다. '서울앵
무새'가 그 주인공이다. 평일에도 늘 가게 밖까지 소비자들이 줄을
길게 선 이곳은 성수의 '핫플 중 핫플'로 꼽힌다. 입장하려면 기본
30분은 기다려야 하지만 대기하는 줄 바로 옆에 포토 존이 자리하
고 있어 대기 시간이 마냥 지루하지만은 않다. 화려하고 알록달록
하게 색을 입힌 가게 외관을 배경으로 사진을 찍고 SNS에 업로드
하다 보면 어느새 카페 내부로 들어갈 수 있다. 예약 시스템을 이용

하지 않는다면 서울앵무새처럼 고객들이 기다리는 시간을 즐길 수 있도록 멋진 포토 존을 설치하는 것도 좋은 방법이다.

후기를 부르는 독특한 방문 경험

홍대에 위치한 '하이드 앤 시크'는 방문자에게 특별한 경험을 제공한다. 바로 〈어몽어스〉나 〈제5인격〉 같은 온라인 게임을 오프라인으로 할 수 있다는 것이다. 이런 이유 때문에 '오프라인 e스포츠 공간'이라고 불리기도 한다. 가게 이름처럼 숨바꼭질을 하는 공간으로 시간마다 술래가 정해지며 술래가 아닌 사람들은 술래를 피해 미션을 완수하면 된다.

하이드 앤 시크는 '굼쥐'라는 아티스트와 컬래버레이션해 공간을 꾸몄다. 여기에서는 곳곳에 숨어 있는 굼쥐 캐릭터를 찾아볼 수 있다. 숨바꼭질이라는 콘셉트와 잘 어울리는 인테리어가 독특함을 배가한다.

하이드 앤 시크에서는 오프라인 경험을 극대화하기 위해 게임에 필요한 장비를 팔에 채운다. 이 장비를 이용해 문이나 장치를 여닫을 수 있다. 온라인 게임에서만 보던 장비를 직접 몸에 착용하는 경험을 통해 현실감을 더욱 살렸다는 평이 많다. 방 탈출 게임과 형식이 비슷하지만 정해진 답이 없고 사람마다 게임을 풀어나가는 과정이 다르기 때문에 유튜브에서 영상을 미리 공부해 오거나 재방문하는 Z세대가 많다.

collaboration artist : goommouse

❶ 하이드 앤 시크에서 볼 수 있는 굼쥐 캐릭터_양중은
❷ 게임을 하는 사람들의 모습_양중은

Z세대는 핫 플레이스 방문을 단순히 잘 꾸며진 공간을 방문하는 것 이상으로 받아들인다. 자신의 취향을 드러낼 수 있는 공간을 배경으로 사진을 찍고 방문 경험을 좋게 추억하고자 한다. 사전 조사 단계부터 후기 공유까지 전 과정을 브랜드 콘셉트에 맞게 구성한다면 Z세대가 사랑하는 공간을 만들 수 있을 것이다.

CODE 2.

전통

힙해진
전통의 비밀

내가 기획한 제품이 Z세대에게 오픈런을 일으키길 바란다면,
내가 준비한 행사에 참여하기 위해
Z세대가 피케팅을 하길 바란다면
주목할 만한 매력적인 마케팅 코드가 있다.
바로 '전통'이다.
전통은 더 이상 낡고 고리타분한 것이 아니다.
Z세대는 우리나라의 전통문화를 힙한 것으로 생각하며
적극적으로 소비한다.
덕수궁 석조전 테라스에서 가배(커피)와 디저트를
음미하기 위해 치열한 궁케팅*에 도전하고
힙하게 포장된 전통주를 사기 위해 오픈런을 한다.
박물관에서나 볼 법한 반가사유상 굿즈가 연이어 완판된다.
전통문화를 담아낸 광고 영상이
유튜브 인기 급상승 동영상에 오르고
조회 수 200만 뷰를 찍으며 사랑받는다.
Z세대는 왜 우리나라의 문화와 전통을
새롭고 멋진 것으로 여기게 됐을까?
그 이유를 함께 살펴보자.

* 궁궐과 티케팅의 합성어로 궁궐 체험 입장권을 예매하는 것

CHAPTER 17

Z세대가
전통을 힙하다고
생각하는 이유

요즘 세계적인 케이팝 아이돌의 음원 공개 시간은 13시다. 국내 음원 차트의 진입 순위를 올리려면 하고, 퇴근 시간인 18시에 음원을 공개해야 한다는 공식이 깨진 것이다. 이렇게 된 이유는 미국 자정(서머타임 적용 시 13시간의 시차)에 맞추기 위함이다. 해외에서도 케이팝 아이돌이 큰 사랑을 받게 된 지 오래라 빌보드 차트 진입을 노리고 앨범을 공개하는 것이 자연스러운 일이 됐다.

우리나라 문화 콘텐츠의 영향력은 케이팝뿐만 아니라 글로벌 OTT 플랫폼 넷플릭스의 행보에서도 확인할 수 있다. 2021년 세계적으로 인기를 끈 〈오징어 게임〉이 시즌 2를 방영한다고 발표한 것에 이어 드라마를 그대로 재현한 리얼리티 쇼 〈오징어 게임: 더 챌린지〉 제작을 밝혀 또 한 번 이목을 집중시켰다. 이제는 한국의 문화 콘텐츠가 해외 리얼리티 쇼로 제작될 만큼 화제인 것이다.

소속과 원조보다 확장성과 발전 가능성

전 세계를 무대로 한국의 문화 콘텐츠의 영향력이 극대화된 시대에 자란 Z세대는 이전 세대와 다른 방식으로 애국심을 느낀다. 대학내일20대연구소에서 2022년 6월 만 15~61세 남녀 1200명을 대상으로 조사한 데이터를 살펴보자.

세대별로 애국심을 느끼는 상황을 물어본 결과 X세대(47.5%)와 86세대(52.1%)는 '국민이 힘을 모아 위기를 이겨냈을 때' 애국심을 느낀다는 응답이 1위를 차지했다. 2위와 10퍼센트포인트 이상 차이가 날 정도로 응답률이 높았다. 함께 위기 상황을 극복하며 소속 감을 느끼는 것이다. 반면 Z세대에서는 '한국의 기술력이 해외에서 인정받을 때(38.8%)'가 1위, '세계 스포츠 행사에서 좋은 성적을 거뒀을 때(37.5%)', '한국의 대중문화가 해외에서 인정받을 때(37.5%)'가 공동 2위로 나타났다. 공동 3위로는 '한국인이 해외에서 인정받을 때(35.0%)', '한국의 전통문화가 해외에서 인정받을 때(35.0%)'가 언급됐다. 모두 해외에서 한국의 기술이나 문화가 경쟁력을 인정받는 순간이었다. 즉, Z세대는 우리 것이 세계를 향해 뻗어나가고 인정받는 상황에 익숙하며 이에 자부심을 느낀다. 이를 바탕으로 도표를 정리하면 다음과 같다.

과거에는 공동의 목표를 달성하거나 위기를 극복함으로써 모두가 한민족임을 확인하고 소속감을 극대화하는 것을 중요하게 생각했다. 문화를 향유하는 방식에서도 원조와 소속을 중시하는 모습

Z세대가 애국심을 느끼는 방식의 변화

세대별 애국심을 느끼는 상황 TOP 5

[Bass: 전국 만 15~61세 남녀, n=1200, 1+2+3순위, 단위: %]

Z세대 (n=240)

순위	내용	(%)
1위	한국의 기술력이 해외에서 인정받을 때	38.8
공동 2위	세계 스포츠 행사에서 좋은 성적을 거뒀을 때	37.5
	한국의 대중문화가 해외에서 인정받을 때	37.5
공동 3위	한국인이 해외에서 인정받을 때	35.0
	한국의 전통문화가 해외에서 인정받을 때	35.0

후기 밀레니얼세대 (n=240)

순위	내용	(%)
1위	한국의 대중문화가 해외에서 인정받을 때	37.9
2위	국민이 힘을 모아 위기를 이겨냈을 때	35.4
3위	한국인이 해외에서 인정받을 때	35.0
4위	한국의 기술력이 해외에서 인정받을 때	34.2
5위	세계 스포츠 행사에서 좋은 성적을 거뒀을 때	32.9

전기 밀레니얼세대 (n=240)

순위	내용	(%)
1위	국민이 힘을 모아 위기를 이겨냈을 때	40.4
2위	한국의 기술력이 해외에서 인정받을 때	37.1
3위	세계 스포츠 행사에서 좋은 성적을 거뒀을 때	35.8
공동 4위	한국의 대중문화가 해외에서 인정받을 때	35.0
	한국인이 해외에서 인정받을 때	35.0

X세대 (n=240)

순위	내용	(%)
1위	국민이 힘을 모아 위기를 이겨냈을 때	47.5
공동 2위	세계 스포츠 행사에서 좋은 성적을 거뒀을 때	37.1
	한국인이 해외에서 인정받을 때	37.1
3위	한국의 기술력이 해외에서 인정받을 때	30.8
4위	한국의 대중문화가 해외에서 인정받을 때	30.4

86세대 (n=240)

순위	내용	(%)
1위	국민이 힘을 모아 위기를 이겨냈을 때	52.1
2위	한국의 기술력이 해외에서 인정받을 때	35.0
3위	한국인이 해외에서 인정받을 때	34.6
4위	세계 스포츠 행사에서 좋은 성적을 거뒀을 때	31.3
5위	한국의 대중문화가 해외에서 인정받을 때	30.4

이 두드러졌다. 문화의 뿌리가 어디인지를 따지고 진짜 우리의 전통이어야만 우리의 것으로 인식했다. 해외에 한국 문화를 알릴 때도 한복, 김치, 비빔밥처럼 우리나라의 독창성을 보여주는 것에 초점을 맞췄다. 우리 고유의 문화를 있는 그대로 향유하고 알리며 지켜나가는 것이 공동 과제였던 것이다.

문화의 확장성을 중요시하는 Z세대

Z세대가 생각하는 한국 문화의 범주

과거

오리지널리티 중시

#원조 #소속 #고유

현재

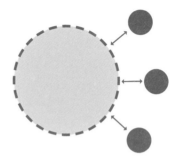

확장 및 발전 가능성 중시

#재해석 #디벨롭

반면 Z세대는 한국 문화의 범위와 개념을 과거와 다르게 인식한다. 국경을 넘어 문화를 향유하고 교류하는 것에 더 익숙하기 때문이다. 한국에 뿌리를 두고 있는 김치, 비빔밥뿐만 아니라 'K-마카롱'처럼 한국식으로 재해석한 프랑스 디저트도 우리 문화의 범주에 속한다고 여긴다. 원조가 아니더라도 재해석을 통해 확장하고 발전시키는 것에 가치를 둔다.

우리 문화의 확장과 발전을 중시하는 Z세대

2022년 2월 KBS 프로그램 〈한국인의 밥상〉에서 양념·후라이드 치킨과 맥주가 '치맥상'으로 소개됐다. 그간 〈한국인의 밥상〉에 소개된 음식은 동해에서 잡은 홍게와 오징어, 포항 앞바다의 돌장어 보양식, 강원도 정선의 석이버섯 약초 삼계탕 등 전국 방방곡곡의 고유한 식재료로 차려낸 것들이 대부분이었다. '한국인의 밥상'이라고 하기에 손색없는 음식을 소개하던 프로그램에 외국에서 유래한 치킨을 소개한 것이다.

전통을 중요시하던 과거 관점으로 보면 치맥은 한식으로 소개할 수 없다. 그러나 이제는 '치맥은 한국인의 밥상과 우리의 생활 속에 녹아든 한식이다', '시대상을 반영하는 음식이다'라고 긍정적으로 평가한다. Z세대는 한국식으로 재해석한 다른 나라의 문화까지 자연스럽게 우리 문화로 인식하고 있다.

실제 Z세대에게 '외국인에게 추천해주고 싶은 한국 음식'을 조사했다.* 비빔밥이나 갈비탕 같은 전통적인 음식뿐만 아니라 K-치킨, K-마카롱 같은 답변을 쉽게 볼 수 있었다. '기억에 남는 한국 문화'를 조사했을 때도 마찬가지였다. 전통 의복인 '갓'을 유행시킨 K-좀비 드라마 〈킹덤〉을 언급하기도 하고 미국의 유명 가수 카디비Cardi B가 먹어 화제가 된 'K-핫도그'를 답변하기도 했다. Z세대

---

* 대학내일20대연구소에서 운영하는 Z세대 커뮤니티 제트워크를 통해 조사한 결과

는 K-좀비물, K-핫도그같이 한국식으로 재해석한 문화에 K를 붙여 우리 문화의 범주를 넓혀가는 것을 즐긴다.

이는 반대로 해외에서 한국 문화를 재해석하는 경우에도 적용된다. 그 예로 틱톡과 유튜브 쇼츠에서 활동하는, 뚝배기 된장찌개를 끓이고 직접 배추김치를 담가 먹는 외국인들이 있다. 최근 해외에서 한식이 인기를 끌며 외국식으로 새롭게 해석되는 경우가 늘어났다. 된장찌개에 콩나물과 김치를 넣거나 배추를 자른 뒤 양념해서 김치를 만드는 등 어설픈 부분도 있었지만 '한식을 재현하려 노력하는 외국인이 신기하고 대단하다'는 댓글이 가득했다. 2022년 7월에는 미국에서 신라면에 그릭 요거트와 핫소스, 라임을 뿌려 먹는 레시피가 유행했다. Z세대는 이색적인 조합에 놀라기도 했지만 '신라면이 해외에 알려져서 좋다'며 긍정적으로 화답했다. 모든 걸 정석으로 재현하지 않으면 탐탁지 않은 눈길을 보내던 과거와는 확연히 다른 모습이다.

한국 전통 장신구인 댕기가 외국에서 힙한 아이템으로 화제가 됐을 때도 마찬가지였다. 배우 정호연이 미국 배우 조합상 시상식 SAG, Screen Actor Guild Awards에서 〈오징어 게임〉으로 주연상을 받을 때 루이비통 드레스에 포인트로 댕기를 매 눈길을 끌었다. Z세대는 댕기가 화제가 되자 정호연 덕분에 한국 전통 장신구를 미국 전역에 알릴 수 있게 됐다며 긍정적으로 반응했다. 이들에게 '댕기를 매려면 한복을 제대로 갖춰 입어야 한다'는 식의 오리지널리티는 중요하지 않다. 드레스 같은 현대적 의복에 전통 의상인 댕기를 매치한 것이 Z세대에게는 오히려 전통문화의 힙한 재해석으로 다가왔다. 그로 인해 우리 문화가 해외에 긍정적으로 전파됐다는 점에 더 주안점을 두는 것이다.

케이팝에서도 전통문화를 재해석한 콘셉트를 쉽게 찾아볼 수 있다. 아이돌 그룹 비비지는 미국의 3대 음악 시상식 중 하나인 그래미가 기획한 공연 시리즈 글로벌 스핀에서 생활 한복 브랜드 리슬과 협업한 퓨전 한복 의상을 입고 〈BOP BOP!〉 무대를 꾸몄다. 전통 문양이 그려진 상의는 민소매나 브라 톱으로, 금박을 입힌 한복 치마는 미니스커트로 재구성했다. 머리핀, 비녀, 노리개 같은 장신구를 활용하고 가죽 구두에도 전통 꽃 문양 자수를 놓는 등 전통적인 요소를 디테일하게 살려 세계인의 이목을 집중시켰다.

2022년 1월에는 문화재청과 한국문화재재단이 댄스 크루 홀리뱅과 함께 제작한 인천 공항 입국장 홍보 영상의 조회 수가 200만 회를 넘겼다. 전통을 주제로 만든 미디어 작품 배경, 홀리뱅의 현대적인 춤, 전통 문양을 넣은 청바지와 브라 톱, 고름을 풀어 재킷처럼 매치한 저고리 의상이 어우러져 전 세계적으로 인기를 끌었다.

Z세대가 생각하는 한국 문화의 정수는 재해석에 있다. 한국에 뿌리를 두지 않거나 전통을 완벽하게 재현하지 않았더라도 우리나라만의 고유한 특색이 드러나도록 새롭게 해석했다면 이것 역시 하나의 한국 문화로 여긴다. 우리 문화를 더 많은 사람이 향유할 즐길 거리로 만드는 것에 가치를 두는 것이다. Z세대는 한국 문화의 확장과 발전을 열린 자세로 받아들인다.

CHAPTER 18

Z세대가 전통을 즐기는 방법

Z세대는 일상에서도 한국 문화를 즐긴다. 특히 현대적 감성으로 재해석한 전통문화가 힙한 콘텐츠로 인기를 끌고 있다. Z세대가 즐겨 입는 옷, 자주 찾는 장소, 좋아하는 음식, 소소하게 모으는 물건에 이르기까지 범위도 다양하다. Z세대의 일상에서 전통문화의 흔적을 쉽게 찾을 수 있다는 것은 이를 활용해 Z세대에게 어필할 수 있다는 말과 같다. Z세대가 전통을 어떻게 향유하고 있는지, 어떤 점에서 매력을 느끼는지 구체적으로 살펴보자.

Z세대가 가는 곳, 사는 것에 스며든 전통문화

앞서 소개한 것처럼 최근 Z세대 사이에서 궁궐 체험이 인기다. 궁에서의 특별한 체험을 위해 아이돌 콘서트에 버금가는 피케팅도

마다하지 않는다. 특히 인기 있는 것은 경복궁 생과방 행사와 덕수궁 밤의 석조전 행사다.

경복궁 생과방은 조선시대에 임금이 실제로 먹었던 궁중병과 및 약차를 체험하는 프로그램으로 예약이 오픈될 때마다 매진 행렬을 이어가고 있다. 궁궐처럼 인테리어한 공간에서 다과를 시식하며 고즈넉한 분위기를 즐기는 행사다. 경복궁 생과방이 인기를 끄는 데는 최근 Z세대 사이에서 유행하고 있는 차 문화가 한몫했다. 차 마시기가 몸과 마음의 건강을 돌보는 리추얼 트렌드로 떠오르면서 특별한 경험도 하고 마음도 돌볼 수 있는 경복궁 생과방 행사가 매력적으로 다가온 것이다. 가야금 소리를 들으며 한국 전통 정과, 약과, 주악 등의 간식과 차가 소담스럽게 담긴 한 상을 즐기는 시간은 Z세대에게 매우 가치 있는 경험으로 다가왔다.

덕수궁의 석조전에서 진행하는 밤의 석조전 행사의 경우 석조전 야간 탐방과 대한제국을 배경으로 한 공연 감상, 테라스에서 고종

덕수궁의 석조전 테라스에서 커피와 간식을 즐기는 모습_인스타그램 junne_the show

이 사랑한 커피와 간식을 즐기는 카페 프로그램으로 구성돼 있다. 그중에서도 카페 체험이 Z세대의 이목을 집중시켰다. 서양식으로 지어진 석조전 건물을 감상할 수 있는 동시에 전통 주전자나 찻잔 같은 소품까지 접할 수 있다는 점이 매력적으로 다가온 것이다. 특히 석조전 테라스에서 개화기 의상을 입고 인증샷을 올리는 경험이 유행하며 예약이 매우 치열해졌다.

이 곳들은 모두 전통적 가치를 지키면서도 트렌디한 경험을 할 수 있는 프로그램을 구성했다. 인증샷을 찍을 수 있도록 특별한 장소도 마련했다. 전통문화를 현대적으로 잘 해석한 덕분에 Z세대는 궁궐을 특별하고 매력적인 장소로 생각하게 됐고 전통적인 공간이 핫 플레이스로 떠올랐다.

국립중앙박물관은 Z세대에게 일명 '굿즈 맛집'으로 불리며 일상에서 사용할 수 있는 전통 소품으로 사랑받고 있다. 최근에는 반가

사유상 미니어처가 특히 인기를 끌었다. 파스텔톤의 반가사유상 미니어처는 마음의 평안을 가져다주는 동시에 힙한 분위기를 낼 수 있는 소품으로 입소문이 났다. 품절 대란을 겪은 뒤 7차까지 사전 예약으로 주문을 받다 2022년 5월부터 상시 판매하고 있다. 현재는 더 다양한 색상과 크기로 출시해 인기를 이어가고 있다. 그뿐만 아니라 자개소반 모양 무선 충전기나 전통 문양을 활용한 우양산 등 국립중앙박물관과 어울리는 전통적인 소재를 실생활에서 사용할 수 있는 물건에 접목한 굿즈가 눈길을 끌었다.

Z세대가 주로 찾는 온라인 커뮤니티에서 '힙하게 대중교통 타는 방법'으로 화제가 된 굿즈도 있다. 바로 마패 모양의 티머니 교통카드다. 과거 관리들이 나라의 말을 빌릴 때 사용한 마패를 창의적으로 재해석했다. 이는 2021년 서울관광재단이 주최한 서울상징 관광기념품 공모전에서 대상을 수상한 제품이다. 텀블벅에서 제작

세븐일레븐에서 판매한 마패 모양 티머니
교통카드_인스타그램 con.sunny

온라인 셀렉트숍 코힙_코힙

프로젝트 펀딩을 시작한 지 일주일 만에 펀딩률을 2만 퍼센트 이상 달성했다. 그 뒤로도 인기가 계속돼 2022년에는 세븐일레븐에서 제품으로 출시했다.

전통문화 콘셉트 상품을 한곳에서 볼 수 있게 큐레이션한 온라인 셀렉트숍 '코힙'도 등장했다. 의류나 가방, 신발 같은 패션 잡화부터 목걸이, 팔찌 같은 액세서리, 노트, 엽서 같은 문구, 소반이나 인센스 홀더 같은 인테리어 소품까지 전통문화를 재해석한 다양한 제품을 한데 모아뒀다. 이런 제품을 좋아하는 Z세대에게 편리성으로 호응을 받았다.

전통주로 풍류 즐기기

새벽 4시부터 줄을 서서 구매할 정도로 인기를 끈 전통주가 있다. 바로 래퍼 박재범이 출시한 '원소주'다. 2022년 2월 더현대 서울에서 원소주 팝업 스토어가 열렸다. 엄청난 인파가 몰리며 오픈 첫날 준비한 물량인 1만 병이 완판됐다. 온라인 커뮤니티에는 '새벽 4시부터 7~8시간 줄을 서서 구매했다', '여의도역과 연결된 더현대 지하 통로까지 붐볐다' 등 원소주의 엄청난 인기를 증명하는 글이 올라왔다.

원소주는 100퍼센트 국내산 쌀을 사용하고 첨가물을 전혀 섞지 않은 한국 전통 증류식 소주다. 희석식 소주와 달리 막걸리 같은 향과 맛이 난다고 알려져 Z세대의 호기심을 자극했다. 태극기 문양을 현대적으로 재해석한 패키지 디자인과 자사 몰에서 하루 2000병만 한정 판매하는 전략도 인기몰이에 한몫했다. '구하기 어려운 술'로 소문이 나며 Z세대의 도전 욕구를 불태운 것이다. Z세대들이 치열한 티케팅을 거쳐 구매한 원소주를 SNS에 인증하면서 자연스럽게 바이럴이 됐다. 이후 옹기 숙성 과정을 거치지 않은 '원소주 스피릿'을 편의점에 출시해 인기를 이어가고 있다.

전통주에 대한 Z세대의 관심은 원소주에 한정되거나 일시적이지 않다. Z세대는 친구들과의 편한 술자리에서도 전통주를 즐긴다. 실제 Z세대에게 요즘 즐겨 마시는 술을 물었더니 와인, 위스키와 더불어 15년 숙성 매취순이나 매화주, 복소사(복분자+소주+사이다)

등의 전통주를 많이 언급했다. 와인이나 위스키처럼 전통주도 디깅하고 싶은 매력적인 대상으로 자리 잡은 것이다. 실제로 한 Z세대는 이렇게 이야기했다.

> "요즘 전통주에 관심이 생겨서 많이 찾아 먹어요. 전 그중에서 '송명섭 막걸리'가 제일 맛있었어요. 막걸리계의 평양냉면이랄까? 숙취도 없고 깔끔해서 좋아요." _제트워크 시즌 6 참여자 성난파이리(F8207)

이처럼 Z세대는 다양한 전통주를 경험하며 자신의 취향을 탐구한다. 전통주를 주로 판매하는 주점에 방문해 한식과의 페어링을 연구하기도 하고 국내 여행을 다니며 지역별 전통주와 막걸리를 찾아 마신다. 전통주를 맛볼 수 있는 주점과 양조장 정보를 서로 공

지평생막걸리, 송명섭 막걸리, 여행지 막걸리 투어 등 다양하게 전통주를 즐기는 모습_이지수

유하기도 한다.

전통주 개발이나 판매에 뛰어드는 기업과 브랜드도 늘고 있다. 전통에 대한 관심이 증가했기 때문이기도 하고 전통주 인증을 받을 경우 다른 주류와 달리 온라인에서도 판매할 수 있기 때문이다. 2022년 7월 신세계백화점은 SSG닷컴 백화점 몰에 우리 술 전문관을 따로 오픈했다. 오프라인 매장에는 일곱쌀 막걸리나 팔팔막걸리 등 일반 매장에서 구하기 어려운 술을, 온라인에는 니모메, 배도가 등 SNS에서 핫한 술을 비치했다. 온라인 몰의 경우 성인 인증을 거치면 바로 배송받을 수 있게 편의성을 높였다.

CHAPTER 19

한국 문화를 재해석하는 능동적인 생산자, Z세대

Z세대는 음식, 술, 콘텐츠, 굿즈, 핫플에 이르기까지 다양한 영역에서 한국의 전통문화를 적극적으로 향유하는 소비자다. 하지만 이들은 잘 차려진 밥상에 숟가락만 얹는 세대가 아니다. 스스로 콘텐츠를 만들어 한국 문화를 알리는 능동적인 생산자이기도 하다. 자신만의 감성으로 우리 문화를 재해석해 새로운 가치를 창조해내고 이를 통해 잊힌 전통에 다시 숨을 불어넣기도 한다.

▼

전통문화를 나만의 방식으로

생산자로서 한국 문화를 향유하는 Z세대의 면모를 관찰할 수 있는 플랫폼이 있다. 바로 와디스나 텀블벅 같은 크라우드 펀딩 플랫폼이다. 창의적인 아이디어로 빛나는 프로젝트가 잔뜩 모인 이곳에

서도 전통은 매력적인 코드다.

와디즈나 텀블벅에서는 개인 생산자가 참신하게 재해석한 전통 콘셉트 제품을 만나볼 수 있다. 자개 무늬 스마트톡이나 댕기 책갈피, 무궁화 꽃잎 향 섬유 향수 등 소장 욕구를 자극하는 생활 소품부터 궁중 금박 무늬를 활용한 생활 한복 티셔츠, 한국 전통 문양 패턴 리소스, 한국 전통 복식의 역사를 살펴볼 수 있는 도록까지 종류도 다양하다.

댕기 책갈피나 무궁화 섬유 향수 같은 제품은 적게는 200퍼센트에서 많게는 3000퍼센트 이상의 펀딩률을 달성할 정도로 인기를 끌었다. Z세대의 관심사를 반영한 다양한 아이디어 제품이 주로 펀딩되는 플랫폼에서 전통을 모티브로 한 제품들이 기간 내 목표 금액을 채우고도 남았다는 것은 Z세대의 일상에 우리 문화가 깊게 스며들었다는 방증이다.

Z세대는 단순히 펀딩 제품을 판매하거나 구매하는 것에서 그치지 않는다. 자신의 이익과 관련이 없더라도 펀딩률을 달성시키기 위해 트위터와 커뮤니티에 자발적으로 홍보하기도 한다. 한국 문화가 더 널리 알려지길 바라는 마음에서다. 혼자만 알고 즐기기보다 능동적인 활동가가 되기를 자처하는 것이다.

전통=직접 지켜나가야 하는 것

Z세대가 한국 전통문화 콘셉트를 힙하다는 이유만으로 소비하는 것은 아니다. 이들은 중국이 주장하는 동북공정 같은 이슈를 겪으며 한국 문화를 스스로 지켜야 할 고유 자산으로 생각하게 됐다. 일상에서 우리 문화와 관련된 제품과 콘텐츠를 소비하는 것을 전통을 지키는 방법 중 하나로 여기기도 한다.

Z세대가 전통을 지키는 방법은 일상에서 다양하게 찾아볼 수 있다. 10대 Z세대가 졸업 사진을 개성 있게 찍는다는 사실은 잘 알 것이다. 요즘은 한복 콘셉트 졸업 사진이 유행하고 있다. 한복 대여점에서 족두리까지 갖춘 정통 한복을 빌리거나 현대적으로 리폼한 생활 한복을 구해 입고 사진을 찍는다. 졸업 사진을 촬영할 때뿐만 아니라 궁궐이나 한옥 마을에 방문할 때, 해외여행을 갈 때도 한복을 입고 브이로그를 촬영한다. 인생네컷이나 하루필름 등 개인 프로필 사진을 찍을 때도 마찬가지다. Z세대가 한복을 찾아 입는 이유는 한복의 디자인이 마음에 들어서이기도 하지만 우리 문화를

❶ 대여한 한복으로 다양한 사진을 찍는 모습_몽몽쥬(P1031)
❷ 한복 대여점에서 어울리는 한복을 직접 입어보는 모습_손유빈

지키는 방법으로 생각하기 때문이기도 하다. 일상에서 자주 즐길 수록 전통을 이어갈 수 있다고 생각하는 것이다.

Z세대가 자주 이용하는 SNS인 트위터와 온라인 커뮤니티에서는 한국의 전통문화를 잊으면 안 된다는 취지에서 이용자가 자발적으로 잘 알려지지 않은 전통 소품을 소개하는 모습을 자주 볼 수 있다. 무대 퍼포먼스나 무용에서 자주 사용하는 녀슬 부채를 홍보하는 글도 있고 대나무와 종이로 만든 지우산이 일본에서 유래된 것이 아닌 전북 전주의 토산품임을 알리는 글도 있다. 이들은 물질적 대가 없이 SNS에 전통문화를 홍보하고 이를 실생활에 적용하기 위해 직접 디자인 도안을 제작하거나 한복을 입는다. 이렇게 우리 문화를 끊임없이 재생산하고 발전시키는 것은 Z세대의 전통을 지

키겠다는 의지를 보여준다. Z세대는 한국의 고유한 정체성을 우리만의 힙한 개성으로 생각하며 이것이 후대에도 지속적으로 이어지길 바란다.

글로벌 시대 우리의 전통문화는 매력적인 콘텐츠로 자리 잡았다. 특히 트렌드를 이끄는 Z세대는 전통을 적극적으로 향유하는 소비자자 생산자를 자처하고 있다. 이런 Z세대에게 다가가려면 어떻게 해야 할까? 먼저 본질을 해치지 않는 선에서 전통을 자연스럽게 재해석하는 것을 추천한다. 마케팅 대상과 한국 문화가 잘 어우러지게 만들면 더 좋을 것이다. 이때 역사를 왜곡하지 않도록 사소한 부분도 꼼꼼하게 챙겨야 한다.

앞서 언급한 지우산이나 너슬부채, 노리개처럼 아직 대중적으로 알려지지 않은 소품이나 문화를 상품에 적용해보는 방법도 고려해보길 바란다. 희소하면서도 힙한 이미지와 소외된 전통문화에 다시 숨을 불어넣었다는 호평을 동시에 얻을 수 있을 것이다.

CODE 3.

편의점

브랜드를
경험하는
플랫폼

4만 9000여 개,
2021년 말 기준 전국 프랜차이즈 편의점 점포 수다.
도소매 업종 점포 수의 약 74%에 해당하는 수치다.[39]
어디에나 있고 1년 365일 24시간 언제든
찾아갈 수 있는 편의점은
우리의 일상에 이미 깊숙이 들어왔다.
Z세대 사이에서 편의점은 높은 접근성으로
다양한 편의 서비스와 제품을 제공하면서도
급변하는 트렌드를 빠르게 읽고 반영하며
단순한 유통 채널을 넘어 브랜드를 경험하는
하나의 플랫폼으로 자리 잡았다.
브랜드를 만날 수 있는 공간이자
온·오프라인의 거점 역할을 하는 편의점은
Z세대 타깃 마케팅을 펼치기에 좋은 채널이다.
Z세대가 편의점을 어떻게 이용하고 있는지,
Z세대에게 어떻게 편의점을 통해 다가가야 하는지
구체적으로 살펴보자.
Z세대를 겨냥한 마케팅을 고민하는
마케터에게 하나의 실마리가 되길 바란다.

CHAPTER 20

유통 채널을 넘어
하나의 플랫폼으로

누구나 편의점에 관한 추억 하나씩은 있을 것이다. 밤늦게까지 독서실에서 공부하다가 편의점에 들러 삼각김밥과 컵라면으로 허기를 달랬다거나 퇴근길 오늘 하루도 수고했다는 의미로 스스로에게 1만 원 맥주 4캔이라는 작은 보상을 줬던 경험이 있지 않은가?

핫한 편의점 신상을 구하기 위해 동네 편의점을 샅샅이 찾아다닌 적은 없는가? 인스턴트 떡볶이, 스파게티 컵라면, 소시지, 스트링 치즈를 조합한 '마크정식'같이 SNS에서 유행하는 편의점 꿀조합 레시피를 따라 해본 경험도 한 번쯤은 있을 것이다.

급격하게 오른 물가로 런치플레이션lunchflation* 이 이슈가 된 요즘, 저렴한 편의점 도시락은 어깨의 짐을 덜어주기도 한다. 현금 인출 서비스, 택배 서비스, 물품 보관 서비스 등 생활에 필요한 다양한

---

* '런치lunch, 점심'와 '인플레이션inflation'을 합친 신조어

서비스를 제공하는 편의점은 우리에게 가장 친숙하면서도 편리한
공간이다.

편의점에 주목해야 하는 이유

편의점은 가장 빠르게 트렌드를 접할 수 있는 공간이다. 10~20대
를 주요 타깃으로 하는 편의점 업계는 항상 Z세대가 무엇에 반응하
는지를 연구해 마케팅 전략에 신속하게 반영해왔다.

코로나19로 사회 전반에 걸쳐 비대면 전환이 확산될 때 편의점
브랜드들은 심야 배달 서비스와 도보 배달 서비스를 즉각 도입했
다. 또 가상공간이 주목받으며 Z세대 사이에서 메타버스가 새로운
놀이 문화로 떠오르자 메타버스 플랫폼 제페토에 편의점을 오픈하
며 친근하게 다가갔다.

재테크 열풍이 불 때 주식투자에 관심이 많은 20~30대를 사로
잡기 위해 랜덤으로 주식 1주를 받을 수 있는 신개념 주식 도시락
을 출시했다. Z세대 고객을 확보하고 싶은 브랜드와 다양한 컬래버
레이션 맥주를 출시하면서 수제 맥주 트렌드를 이끌기도 했다. 그
렇게 편의점업계는 Z세대의 관심사를 빠르게 읽어내고 새로운 경
험과 서비스를 제공하며 친근하면서도 트렌디한 이미지를 만들어
나갔다.

그래서일까? 지금 Z세대에게 편의점은 단순한 유통 채널이 아니
다. Z세대에게 편의점이란 포켓몬빵이나 원소주 스피릿같이 유행

하는 상품을 구할 수 있는 핫 플레이스자 컬래버레이션 상품을 통해 힙한 브랜드를 처음 체험하는 공간이기도 하다.

한편 은행 계좌를 만들기 힘든 10대들이 온라인 거래를 하거나 인터넷에서 구매가 어려운 와인, 위스키 같은 프리미엄 주류를 쉽게 구하게 해주면서 온·오프라인 사이에 존재하는 불편함을 해소하는 거점 역할을 하기도 한다. 즉, Z세대에게 편의점이란 일상 가장 가까운 곳에서 다양한 트렌드와 브랜드를 이어주는 하나의 플랫폼이다.

CHAPTER 21

브랜드를
처음 만나는 공간이 된
편의점

항상 신선한 경험과 자극을 원하는 Z세대는 새로운 브랜드나 제품을 접할 수 있다면 시간과 노력, 비용을 아끼지 않는다. 오픈런을 위해 입고 시간이나 매장 오픈 시간 전부터 줄을 서거나 유명한 맛집과 카페 앞에서 1~2시간씩 웨이팅을 하기도 한다.

하지만 열정에도 한계가 있다. 하루는 모두에게 똑같이 24시간이고 사회생활을 하지 않는 Z세대의 지갑 사정은 여의치 않다. Z세대 타깃 마케팅이 넘쳐나는 만큼 직접 경험하고 싶은 것은 많지만 시간과 경제력은 한정돼 있기에 선택적으로 즐길 수밖에 없다. 그래서 Z세대는 편의점에서 제공하는 대여 서비스와 컬래버레이션 PB 상품을 활용해 궁금한 브랜드를 살짝 맛보기 시작했다. 마치 영화의 본편을 즐기기 전에 이 영화에 어떠한 매력이 있는지 예고편을 찾아보는 것처럼 말이다.

집 앞에서 만나는 핫 플레이스

편의점은 다양한 컬래버레이션 PB 상품을 출시해왔다. 초기 PB 상품의 가장 큰 매력은 '가성비'였다. 그래서 합리적인 가격으로 질 좋은 제품을 제공하는 데 중점을 뒀다. 저렴하지만 부실하다는 편의점 도시락에 대한 편견을 깨기 위해 '백종원 도시락', '김혜자의 맘 도시락' 같은 컬래버레이션 PB 상품에 주력했다.

하지만 편의점업계의 시장 규모가 커지면서 브랜드 간 경쟁이 심화됐다. 이제는 가성비만으로 차별화를 주기 어려워졌다. 저렴한 가격 외에 소비자의 구매욕을 자극할 새로운 요소가 필요해진 것이다. 지금 편의점 업계는 이전보다 더 새롭고 신선한 경험을 제공하는 데 중점을 두고 있다. 바로 Z세대가 좋아하는 힙한 마이크로 브랜드와 협업해 그 브랜드만의 고유한 가치와 감성을 제품에 담는 것이다.

이런 전략을 잘 펼치고 있는 편의점 브랜드가 바로 GS25다. GS25는 갓생기획이라는 신상품 개발 프로젝트를 통해 다양한 협업 제품들을 출시하며 컬래버레이션의 필수 요소를 재정립했다. 유명 브랜드에서 마이크로 브랜드까지 Z세대에게 현재 인기 있는 브랜드가 무엇인지 빠르게 파악하고 그 브랜드만이 가진 감성을 일상으로 가져오는 데 집중했다. 그 예로 Z세대의 대표 핫 플레이스로 자리 잡은 카페 노티드, 녹차 덕후들의 성지로 유명한 힛더티의 슈퍼말차와 컬래버레이션을 진행했다. 그렇게 '노티드 스마일

GS25에서 출시한 카페 노티드 딸기앤바나나소프트콘과 노티드 스마일 위트에일_GS25

GS25에서 출시한 힛더티 슈퍼말차라떼와 슈퍼말차초코콘_GS25

위트에일', '노티드 콘 아이스크림'이 탄생했다. 이들은 카페 노티드 마스코트 '스마일'을 내세운 디자인으로 카페 노티드만이 지닌 키치한 감성을 담아냈다. '슈퍼말차라떼'와 '슈퍼말차초코콘'은 '천연 대체당을 사용해 설탕 없이도 달콤함과 진한 말차 맛을 선사한다'는 슈퍼말차의 지향점을 그대로 전달했다. Z세대들의 반응도 뜨거웠다. Z세대들은 이 제품들을 이렇게 평가했다.

> "GS25와 카페 노티드가 컬래버레이션한 노티드 콘 아이스크림이 신박하고 좋았어요! 카페 노티드를 가보고 싶은데 아직 못 가봤거든요. 편의점에서 노티드 콘 아이스크림으로 대리만족하려고 구매했는데 막상 먹어보니까 너무 맛있어서 최애가 돼버렸어요." _제트워크 시즌 6 참여자 데이지 (Y8238)

> "슈퍼말차를 평소에 좋아했는데 집 근처 편의점에서 즐길 수 있어서 더 좋았어요. 무엇보다 슈퍼말차 브랜드만의 고유한 감성과 맛을 제품에 잘 녹여낸 것 같아요." _제트워크 시즌 6 참여자 외않되(N1120)

이처럼 Z세대는 편의점 컬래버레이션 상품을 통해 평소 관심은 있었지만 접하기 힘들었던 브랜드의 매력을 미리 경험한다. 해당 브랜드를 이미 알고 있는 Z세대에게는 다시 한번 브랜드를 상기하는 효과를, 해당 브랜드를 몰랐던 Z세대에게는 친밀한 첫인상을 심어주는 효과를 기대할 수 있다.

▼

익숙한 공간이 새로운 공간으로

이제 편의점 업계는 고객들이 브랜드 컬래버레이션을 제대로 즐길

❶ 펍의점 콘셉트로 하이네켄 실버를 즐길 수 있는 컬래버레이션 팝업 스토어 GS25 합정프리미엄점_제혜정
❷ 하이네켄 실버로 꾸며진 GS25 합정프리미엄점 내부_블로그 지프리의 맥주일주

수 있도록 매장에 브랜드 콘셉트를 입힌 팝업 스토어를 함께 오픈하기 시작했다. 컬래버레이션 PB 상품만으로도 브랜드의 매력을 간접 경험할 수 있기는 하지만 컬래버레이션 팝업 스토어를 열면 적극적으로 브랜드를 알아가고 싶은 Z세대의 욕구를 충족시켜줘 시너지 효과를 낼 수 있다.

GS25는 맥주 브랜드 하이네켄과 함께 합정과 양양 인구해변에 위치한 편의점에서 컬래버레이션 팝업 스토어를 진행했다. 팝업 스토어 하면 보통 성수 같은 핫 플레이스나 백화점을 떠올리겠지만 하이네켄은 일상적인 공간인 편의점에서 팝업 스토어를 진행해 고객에게 색다른 경험을 선사했다. 신제품 하이네켄 실버를 홍보하기 위해 편의점을 펍 형태로 구성한 '펍의점'을 만들고 시음 행

검은색을 콘셉트로 검은사막
이미지를 표현한 컬래버레이
션 팝업 스토어 24BLACK_
이마트24

사, 포토 부스, 인증샷 이벤트 등 일반 편의점에서는 볼 수 없었던
다양한 즐길거리를 제공했다. 이를 궁금해하는 방문객들이 계속
찾아오면서 컬래버레이션 팝업 스토어를 진행한 두 지점의 맥주
매출은 전월 대비 평균 2.5배 급증했다.[40] 처음 보는 공간에서 제공
하는 경험만이 새로울 것이라고 생각하기 쉽겠지만 편의점 팝업
스토어처럼 익숙한 공간에서 낯선 경험을 선사하는 것이 오히려
고객에게 더 신선하게 다가갈 수 있다.

　이마트24는 〈검은사막〉이라는 온라인 게임과 손잡고 컬래버레
이션 팝업 스토어 '24BLACK'을 오픈했다. '검은삼각', '검은버거',
'검은커피' 등 검은색을 콘셉트로 한 컬래버레이션 PB 상품과 함께

편의점을 온통 검은색으로 꾸며 정말 검은 사막에 온 듯한 느낌을 줬다.

24BLACK은 편의점에 상품을 진열하기만 한 것이 아니라 시각적·공간적 요소를 적극적으로 활용해 〈검은사막〉이 어떤 브랜드인지 고객에게 확실하게 각인시켰다. 이색 핫 플레이스로 소문나면서 하루 최대 1800여 명이 다녀갈 정도로 화제가 됐다.[41]

〈검은사막〉처럼 주로 온라인에서만 Z세대를 만날 수 있는 브랜드라면 Z세대가 오프라인에서 친숙하게 느끼는 편의점에서 팝업 스토어를 진행해보는 것은 어떨까? 고객에게 온라인으로는 전달할 수 없었던 브랜드 경험을 선사할 수 있을 것이다.

체험판으로 만나는 프리미엄 브랜드

집을 공유하는 에어비앤비, 차를 공유하는 쏘카, 옷장을 공유하는 클로젯셰어… 경험을 중시하는 Z세대는 공간과 제품을 공유해 소비하는 공유경제 시스템을 활발히 이용하고 있다.

Z세대는 물건을 구매하기 전 실용성을 직접 테스트하기 위해 공유경제 시스템을 활용하기도 한다. 주로 가격이 비싼 제품을 구입할 때 이런 경향이 두드러진다. 대표적으로 빔 프로젝터나 다이슨 에어랩 멀티 스타일러가 그렇다. 하지만 이런 제품을 미리 경험하기는 쉽지 않다. 특정한 사이트에서 온라인으로 대여를 할 수도 있지만 품목이 한정적이고 과정도 복잡하고 번거롭다.

❶ CU편의점에서 바로 빌려볼 수 있는 상품 중 일부_픽앤
픽 앱
❷ CU편의점 내에 위치한 픽앤픽 대여 서비스_BGF리테일

    이제는 상황이 달라졌다. 편의점 대여 서비스를 통해 프리미엄 브랜드를 경험할 수 있게 된 것이다. 2022년 1월 CU는 렌털 서비스 스타트업 어라운더블과 손을 잡고 '픽앤픽' 대여 서비스를 론칭했다. 픽앤픽 앱을 활용해 총 11개 카테고리, 300여 종의 제품을 대여할 수 있으며 그중에는 다이슨 에어랩 멀티 스타일러, LG 시네범처럼 쉽게 체험하기 힘든 가전제품도 있다. 게다가 2022년 8월부터는 식집사 Z세대를 겨냥한 식물 생활 가전 LG 틔운 미니도 선보이며 선택의 폭을 더욱 넓혀가고 있다. 초창기에는 5개 점포에서만 서비스를 제공했지만 론칭 3개월 만에 이용 건수가 5배나 증가해 2022년 4월 서울, 경기에 위치한 총 40여 개 점포로 서비스 범위를 확대했다.[42]

프리미엄 브랜드도 Z세대 타깃 마케팅을 할 때 고민이 있을 것이다. 가격이 너무 높으면 Z세대에게 어필하는 데 한계가 분명히 존재한다. 그렇다고 무작정 가격을 낮추기도 쉽지 않다. 이런 상황에서 편의점 대여 서비스를 활용하면 프리미엄 브랜드의 고급스러운 이미지는 그대로 유지하면서 더 많은 Z세대에게 브랜드 경험을 제공하며 접점을 만들어줄 수 있고 나아가 실구매까지 이끌어낼 수 있을 것이다.

CHAPTER 22

오프라인 편의점에
접속하다

온라인과 오프라인의 구분이 점차 사라지고 있는 요즘, 디지털 네이티브 세대인 Z세대는 누구보다도 그 경계를 자유자재로 넘나들고 있다. 하지만 경계가 완벽하게 사라지지 않는 한 온·오프라인 사이에는 어느 정도 괴리가 존재할 수밖에 없다.

Z세대는 편의점의 다양한 거래 서비스와 편의점 앱을 활용해 오프라인과 온라인의 괴리를 해소하기 시작했다. 오프라인에 존재하는 편의점을 온라인에 접목해 온·오프라인을 연결한 것이다.

이런 Z세대의 편의점 이용 행태는 마치 편의점에 '가는' 것이 아니라 '접속'하는 것처럼 보이기도 한다. 이제 Z세대가 편의점을 어떻게 영리하게 이용하는지 자세히 살펴보자.

편의점 무통장 송금 서비스 센드의 특징_CU

온라인 거래 필수 루틴

"센드 가능합니다.", "반택, 끼택 이용해요."

트위터의 각종 거래 글에서 쉽게 찾아볼 수 있는 멘트다. 여기서 '센드', '반택', '끼택'의 공통점은 무엇일까? 모두 편의점에서 제공하는 서비스자 약 3년 전부터 Z세대가 온라인 거래를 할 때 활발하게 사용해온 서비스라는 것이다. 그래도 아직 무슨 뜻인지 모르겠다면 지금부터 자세히 알아보자.

우선 센드는 편의점 간편 송금 서비스를 제공하는 플랫폼이다. ATM이 아닌 CU 계산대에서 현금만 내면 원하는 계좌로 송금이 가능하다. 핸드폰 번호만 있어도 간편하게 송금할 수 있어 아직 본인 명의의 계좌가 없는 10대 Z세대가 계좌 이체를 할 때 주로 사용한다.

반택은 GS25의 '반값택배'를, 끼택은 CU의 '끼리택배'를 줄인 말로 둘 다 편의점 점포 간 배송 서비스다. 배송 기간은 최대 5일로 긴 편이지만 우체국이나 타 택배사에 비해 가격이 절반가량 저렴하다는 장점이 있다.

이처럼 중고 거래를 포함한 온라인 거래에 편의점 서비스가 활발히 사용되고 있다. 세븐일레븐은 국내 최대 규모의 중고 거래 플랫폼인 중고나라와 손을 잡고 2022년 하반기부터 중고나라 비대면 직거래 픽업 서비스를 제공할 예정이다. 판매자와 구매자가 세븐일레븐 매장을 거래 장소로 지정하면 해당 매장에서 판매자에게 거래 물품을 받아 보관하고 있다가 구매자가 원하는 시간에 수령할 수 있는 시스템이다. 중고 거래는 온라인으로 저렴하게 원하는 상품을 구매할 수 있고 나에게 필요 없는 물건을 판매할 수 있어 합리적이라는 장점이 있지만 직거래를 위해 구매자와 판매자가 언제 어디서 만날지 조율해야 한다는 단점이 존재했다. 이런 불편을 편의점이 해결한 것이다. 앞으로도 편의점은 뛰어난 접근성과 점포 간 연계성을 바탕으로 온라인 거래의 불편함을 해소하는 다양한 서비스를 제공할 것으로 예측된다.

▼

프리미엄 주류를 쉽게 구매하는 방법

앞서 디깅 소비에서 언급했듯이 프리미엄 주류를 즐기는 Z세대가 증가했다. 자신의 취향을 파고드는 것을 좋아하는 Z세대에게 프리미엄 주류는 매력적인 소재지만 딱 한 가지 단점이 있다. 바로 온라

CU 바 와인 라벨 검색 기능. 와인 판매가, 와인 스타일, 유사한 와인, 사용자 리뷰 등을 확인할 수 있는 페이지_
포켓CU

인에서 구매가 불가능하다는 것이다. 쿠팡, 마켓컬리 등 새벽 배송
까지 가능한 온라인 쇼핑몰에 익숙해진 Z세대에게 이와 같은 현실
은 거대한 장벽으로 다가왔다.

　Z세대는 이 장벽을 편의점으로 뛰어넘고 있다. 집 앞 5분 거리
편의점에 걸어가서 프리미엄 주류를 구매하는 것에서 그치지 않고
편의점 앱의 주류 픽업 서비스를 활용한다. 2018년 출시된 CU 멤
버십 앱 '포켓CU'는 오프라인 점포와 온라인 앱의 연계성을 강화
하고자 2022년 4월 대대적인 개편을 진행했다. 배달 주문, 예약 구
매, 홈 배송 등 다양한 기능을 업데이트했는데 그중 가장 눈에 띄는
것은 주류 픽업 서비스인 'CU 바CU Bar'다. 원하는 매장에서 원하

는 시간에 주류를 픽업하는 기능은 기본이고 재고가 없는 물건은 예약 구매할 수 있는 기능도 추가됐다. 품귀 현상이 자주 일어나는 프리미엄 주류의 특성을 고려한 기능으로 헛걸음을 줄여줬다. 더 나아가 테마별로 프리미엄 주류를 추천해주는 큐레이션 서비스와 고객들의 후기를 확인할 수 있는 와인 라벨 검색 기능도 함께 제공해 이제 막 프리미엄 주류에 입문한 Z세대에게 인기 있는 서비스로 자리 잡았다.

> "나만의냉장고 앱으로 아침에 우리 동네 GS25를 확인했을 때는 분명히 원소주 스피릿 재고가 있었는데 순식간에 품절이더라고요." _제트워크 시즌6 참여자 에밀(N8304)

GS25는 2022년 최고의 인기 주류 원소주의 후속 제품인 원소주 스피릿을 단독 판매해 Z세대와 만나는 접점을 넓혔다. 더현대 서울에 있는 원소주 팝업 스토어에서 오픈런을 하거나 공식 판매 홈페이지에서 티케팅하듯이 힘들게 구매하던 것보다는 쉬워졌지만 식지 않는 인기 탓에 여전히 원소주 스피릿을 구하기는 어렵다. 그래도 Z세대는 GS25 나만의냉장고 앱에서 제공하는 재고 현황을 실시간으로 확인해 빠르고 효율적으로 원소주 스피릿을 손에 넣으려 노력한다.

이처럼 Z세대는 편의점 전용 앱을 적극적으로 활용한다. 이를 마케팅에 활용하면 Z세대와 더 자주 만날 수 있다. 예컨대 CU는 라이프 스타일 브랜드 어프어프와 컬래버레이션해 '어프어프 와인 피

❶ GS25 나만의냉장고 앱 내 원소주 스피릿 재고 확인 서비스로 파란색 아이콘이 재고가 있는 매장_GS25 나만의냉장고

❷ 원소주 스피릿 구매 성공을 인증하는 인스타그램 스토리_인스타그램 ye_eunk

크닉 패키지' 2종을 출시했다. 와인과 함께 캐릭터가 그려진 와인 잔과 칠링백 굿즈를 제공해 인기를 끌었다. 포켓CU에서만 구매할 수 있는 한정 상품이었는데 빠르게 완판돼 많은 사람이 아쉬워했다.[43] 또한 위스키 브랜드 싱글톤은 2021년 9월 편의점 스마트 오더 전용 패키지 '워크 오프'를 출시해서 뜨거운 반응을 이끌었다. 이에 힘입어 2022년 5월에도 동일한 방식으로 판매를 진행했다. 편의점에서 마케팅을 진행한다면 오프라인에만 치중하지 말고 편의점 앱을 활용한 온라인 마케팅도 함께 고려해보자. 매출도, Z세대와의 접점도 2배의 효과를 기대할 수 있을 것이다.

세븐일레븐 가평수목원 2호점 드론 배송 스테이션_파블로항공

편의점이 보여주는 미래

최근 Z세대가 아직 불편함을 느끼지 못했던 부분까지 편하게 만들어주는 진짜 미래형 편의점이 등장하고 있다. 예컨대 편의점 브랜드들은 앞다퉈 최첨단 배송 서비스를 연구 중이다. 세븐일레븐은 2021년부터 자율주행 배달 로봇 '뉴비'를 개발하기 시작했다. 2022년 4분기에는 상용화를 위해 일부 점포에서 테스트를 진행할 예정이다.

지리적 여건상 자율주행 배달 로봇이 다니기 힘든 경기도 가평에서는 국내 드론 업체인 파블로항공과 협업해 드론 배송 서비스를 시범 운행하고 있다. 드론 배송 주문 앱 올리버리에서 세븐일레

❶ GS25 DX 랩 카페25_인스타그램 wateroom
❷ 덕질의 한 수단이 된 GS25 DX 랩 포토 라테 아트 기기에 대한 반응_트위터 majudy_2021

븐 상품을 주문할 수 있는데 편의점에서 약 1킬로미터 떨어진 펜션
에서 주문하면 3분 내로 안전하게 도착한다.

편의점의 접근성은 이미 뛰어나다. 하지만 퀵커머스* 시장의 성
장에 따라 편의점 업계는 자신들의 한계를 보완하는 최첨단 배송
시스템을 꾸준히 연구·개발 중이다.

GS25는 각종 첨단 기술을 만날 수 있는 미래형 편의점 'DX 랩
Digital Experience LAB'을 오픈했다. 카메라로 고객의 특성을 파악해
맞춤형 광고를 송출하는 영상 인식 디지털 사이니지, 신한 페이스
페이 서비스를 활용한 안면 인식 결제 등 아직 편의점에 상용화되
지 않은 최첨단 서비스를 미리 만나볼 수 있다.

* 고객이 상품을 주문하면 1시간 이내로 상품을 배송해주는 즉시 배송 서비스

편의점 한쪽은 '카페25' 공간으로 구성해 소비자가 매장에 더 오래 머무르며 즐길거리를 더했다. 특히 사진을 라테 아트로 구현하는 기기가 SNS에서 이목을 끌었다. DX 랩은 이름 그대로 앞으로 편의점에 적용할 첨단 기술을 실험하는 콘셉트의 매장으로 리테일 테크**를 빠르게 만나볼 수 있는 공간이다.

Z세대에게 편의점이란 공간은 먹거리와 생필품을 파는 유통 채널 그 이상의 의미를 갖는다. 브랜드의 매력을 미리 보여주고 온·오프라인을 중간에서 연결해주는 놀이터다. 편의점은 앞으로도 계속 Z세대에게 새로운 경험을 제공할 것이고 Z세대는 편의점에서의 놀이를 이어갈 것이다. 따라서 Z세대를 타깃으로 하는 브랜드라면 편의점이라는 놀이터에 뛰어들어볼 것을 추천한다. 그것이 Z세대와 가까워지는 가장 효과적인 방법일 것이다.

●● 소매 유통 사업에 정보통신기술ICT, Information and Communication Technology이 접목된 것

PART 3.

키워드로
살펴보는
20대 트렌드
변천사

INSIGHT.

2010~2023
20대 트렌드의
흐름

노멀크러시에서
하이퍼 퍼스낼리티까지

트렌드 현상은 취향과 니즈의 미분화에 따라
여러 갈래로 갈라지고 있다.
와인에 비해 즐기는 사람이 적었던 샴페인을
메인으로 다루는 샴페인바가 생겨난 것처럼
기업은 더 니치한 타깃을 위한 제품과 서비스를 만든다.
대세나 주류라고 할 것이 없는 시대다.
그러나 빠르게 변화하고 파편화되는 트렌드 현상에서
한 걸음 물러서 이들의 양상을 따라가다 보면
하나의 큰 흐름이 보인다.
왜 이런 현상이 나타났는지,
사람들이 무엇을 가치 있다고 생각하고
갈망하는지가 드러난다.
지금 이 시대를 관통하는 감성이 무엇인지 살펴보기 위해
대학내일20대연구소가 예측해온
트렌드 키워드를 정리했다.

CHAPTER 23.

'대충 살자' 시대에서
'갓생 살자' 시대로

월요일 아침 SNS 앱을 실행하면 '오늘부터 꼭 갓생 살자' 같은 결심을 심심치 않게 접할 수 있다. 아침 6시 미라클 모닝이나 #오운완이라는 해시태그와 함께 아침 운동을 인증하는 인스타 스토리도 쉽게 찾아볼 수 있다. 이처럼 2022년을 살아가는 많은 사람이 갓생을 실천하거나 선망한다. 이들은 생산적이고 소소한 성취감을 채워가는 삶을 꿈꾼다.

불과 몇 년 전만 해도 갓생을 외치는 사람은 많지 않았다. 2010년대 중반만 하더라도 시대를 관통하던 감성은 '대충 살자'였다. 너무 열심히 살지 않아도 괜찮다, 아무것도 하지 않아도 괜찮다며 토닥이는 콘텐츠에 많은 이들이 공감하며 위로를 얻었다. 소소하고 확실한 오늘의 행복을 챙기는 것이 무엇보다 중요했다.

2015년부터 2022년까지 지난 8년간 밀레니얼세대와 Z세대가 주도한 트렌드의 흐름을 살펴보니 2010년대 중반과 현재의 차이가 더 극명하게 나타난다.

시대	2010년대 중반 (2015~2017)	2010년대 후반 (2018~2019)	2020년대 (2020~)
핵심 키워드	노멀크러시 & 무민세대	마이싸이더	하이퍼 퍼스낼리티

2010~2020년대를 관통하는 핵심 키워드

2010년대 중반 스스로를 '무민세대'로 정의하며 '노멀크러시'를 모토로 한 이들은 삶에서도 평균을 지향하고 아무것도 하지 않는 진정한 휴식을 추구했다. 그러다 2010년대 후반 '마이싸이더'로서 나만의 삶의 기준을 새롭게 잡아가기 시작하고 2020년대에는 갓생을 살며 다양한 면모를 차곡차곡 쌓아나가는 삶의 주인공이 됐다. 2020년대를 기점으로 중요하게 생각하는 기준이나 삶에 대한 태도가 변화한 것이다.

대충 살자 시대에서 갓생 살자 시대로의 전환이 의미하는 것은 무엇일까? 시대별로 MZ세대의 가치관 변화를 되짚어보자.

▼

2010년대 중반

노멀크러시 & 무민세대: 평균 지향과 욜로의 시대

구분	2016년 (2015년 기반 예측)	2017년 (2016년 기반 예측)	2018년 (2017년 기반 예측)
가치관	ㅇㅈ세대	노멀크러시	무민세대
소비	페이크슈머	겟꿀러	휘소가치
관계	관태기	나로서기	실존주의
콘텐츠	댓글리케이션	팩트광	잡학피디아
사회 인식		팬텀세대	화이트불편러

2010년대 중반 주요 키워드

과거 한국 사회에는 명확한 성공의 기준이 존재했다. 열심히 공부해서 좋은 대학에 들어가 남들이 알아주는 직업을 갖고 결혼해서 안정적인 가정을 꾸리는 것이 누구에게나 인정받는 성공한 삶이었다. 그러나 IMF 이후 저성장 시대에 접어들고 문화·IT·정보통신 산업 등의 부흥으로 산업 구조가 다변화되면서 삶의 모습과 가치관이 다양해지기 시작했다. 시대의 변화에 따라 획일적으로 적용했던 사회 기준도 바뀌어야 한다는 인식이 조금씩 생겨나기 시작했다. 그 정점을 찍은 것이 바로 2010년대 중반이었다.

2010년대 중반은 글로벌 금융위기 이후 장기화된 불황으로 취업난이 극도로 심화됐던 시기다. 좋은 대학, 좋은 직장을 얻기 위한 경쟁이 더 치열해져 5대 스펙을 넘어 9대 스펙(학벌, 학점, 토익, 해외연수, 자격증, 봉사활동, 인턴십, 수상 경력, 성형)까지 생겨났다. 이제 막 사회에 진출하기 시작한 밀레니얼세대에게 성공의 기준을 충족하는 일은 불가능에 가깝게 여겨졌다. 아무리 열심히 노력하고 스펙을 쌓아도 내 힘만으로 안정적인 직장에 취업하고 빚 없이 집을 사는 것은 무리라는 자조적인 인식이 확산됐다. '헬조선'이나 '수저계급론'이 등장한 것도 이 시기였다.

이때 밀레니얼세대에게 나타난 삶의 태도는 '평균지향주의'다. 이들은 대단한 성취와 성공을 꿈꾸기보다 평범하고 무탈한 일상만 유지해도 성공이라고 여기기 시작했다. 2017년 기준 공무원 9급 공채 지원자가 무려 22만 8000명을 웃돌며 '공시 공화국'이라는 말까지 생긴 것도 평균지향주의의 한 예로 볼 수 있다. 남들보다 잘날 필요도 없고 보통의 삶을 사는 것만으로 충분하다, 더도 말도 덜도 말고 평타만 치자는 감성이 자리 잡기 시작했다.

이는 당시 밀레니얼세대의 가치관을 정의한 키워드에서도 나타난다. 대표적인 것이 노멀크러시다. 노멀크러시란 '노멀normal, 보통의'과 '크러시crush, 반하다'의 합성어로 '보통의 정서를 흠모하는 것'을 의미한다. 이전까지 보통은 매력과는 거리가 먼 것으로 여겨졌다. 하지만 이때는 평범한 것에서 매력과 공감을 느끼기 시작했다. 어려운 환경에서 자란 주인공이 재벌과 사랑에 빠지는 신데렐라 스토리가 아닌 JTBC〈청춘시대〉, tvN〈혼술남녀〉처럼 평범한 청춘의 모습을 보여주는 콘텐츠가 인기를 끌었다. 편안한 놈코어 룩 normcore look●도 대세가 됐다. 유명인의 성공담을 듣는 토크 콘서트나 멘토링 프로그램이 유행하던 '멘토의 시대'가 가고 나와 비슷한 일상을 사는 사람들의 생생한 조언과 이야기에서 더 큰 동기부여를 얻었다.

현실에서 잠시 벗어나 힐링을 추구하는 것도 두드러졌다. 무의미한 것에서 의미를 찾는 무민세대인 이들은 여가에 새티스파잉 비디오 satisfying videos●●를 보며 멍을 때리고 쉼과 휴식에 집중한 스테이케이션 staycation●●●과 호캉스를 즐겼다. 각박한 현실과 성공해야 한다는 강박은 잠시 내려놓고 무의미하고 무해한 것들로 일상을 채우며 위로받고자 했다.《보노보노처럼 살다니 다행이야》(놀, 2017),《곰돌

● '노멀norma, 평범함'과 '하드코어hardcore, 철저함'의 합성어. 평범함을 추구하는 패션
●● 반복되는 화면과 잔잔한 백색 소음으로 구성돼 정서적 안정감을 주는 영상
●●● '스테이stay, 머물다'와 '베케이션vacation, 휴가'의 합성어. 휴가철에 먼 곳으로 떠나지 않고 집이
  나 집 근처에서 머물면서 휴가를 즐기는 것

이 푸, 행복한 일은 매일 있어》(RHK, 2018)처럼 치열하게 살지 않아도 된다는 위로의 메시지를 전하는 에세이가 베스트셀러였다. 복세편살이나 대충 살자는 밈이 유행했다. '아무것도 하지 않아도 괜찮다'는 정서가 지배적인 시기였다.

소소하고 확실한 행복과 만족을 좇는 경향은 소비에서도 나타난다. 앞서 언급했듯이 2010년 중반에는 미래를 위해 현재의 행복을 미루지 않는 '욜로형 소비'의 모습이 두드러졌다. 가격이 3배는 더 비싸도 귀여운 캐릭터가 그려진 보조 배터리를 샀고 하루 아르바이트비보다 비싼 청소 대행 서비스를 부르기도 했다. 다른 사람 눈엔 낭비로 보일지라도 자신의 만족이 최우선인 소비를 지향하는 모습이 두드러졌다. 스트레스를 즉각적으로 해소하기 위한 홧김소비, 인형 뽑기처럼 적은 금액을 탕진하며 즐기는 탕진잼처럼 구매하는 순간의 만족만을 추구하는 소비에도 적극적이었다. 즉각 체감할 수 있는 행복과 성취를 위해서라면 소비와 동시에 휘발되는 일시적인 가치인 '휘소가치'에도 적극적으로 지갑을 열었다.

기존 사회에서 당연하게 여겨졌던 가치와 밀레니얼세대가 지향하는 가치가 충돌하는 모습은 관계관에서도 나타났다. 과거의 인간관계에서는 개인보다 집단이 중요했다. 회식에서 다 같이 소주로 달릴 때 혼자 맥주를 마시거나 소속감을 다지기 위한 행사와 모임에 불참하는 것은 아웃사이더적인 행동으로 여겨졌다. 그러나 2010년대 중반부터 밀레니얼세대를 중심으로 개인의 희생을 전제하는 인간관계를 거부하는 과도기적인 모습이 나타나기 시작했다. 이것이 바로 '관태기'다. 소모적이고 불필요한 인간관계를 맺기보다 혼자 보내는 시간을 택하며 아웃사이더를 자처했다. 어라운드, 모씨 같은 익명 소통 앱을 통해 오프라인에서는 터놓지 못했던 고민을 나누며 위안을 얻기도 했다. 각자 공부하다 함께 모여 밥만 먹고 헤어지는 '밥터디'나 독서, 운동 등 취미생활을 함께하되 뒤풀이는 없는 '무교류 동호회'처럼 사적인 교류를 최소화한 목적 지향적 모임들이 생겨나기도 했다. 집단보다 개인을 우선시하는 새로운 관계의 기준을 세우겠다는 다양한 시도가 시작된 것이다.

그 후 밀레니얼세대는 스스로를 더 잘 알아가고자 나에게 집중하는 '나로서기'와 개인의 기호와 취향을 존중해달라는 목소리를 내는 '싫존주의'를 거치며 개인을 중심으로 한 새로운 관계의 기준을 다져갔다. 밀레니얼세대는 단체 주문 시 자신의 김밥에서 오이를 빼달라고 요청하거나 회식에서 이제 술을 그만 마시고 싶다고 목소리를 내는 것을 당연한 것으로 여긴다. 이런 개인적인 요구가 더 이상 원만한 사회생활을 위해 참아야 하는 것이 아닌 마땅히 존중받아야 할 것으로 여겨지기 시작한 것이다. 관계의 중심이 집단에서 개인으로 옮겨온 모습이 눈에 띈다.

사회 참여 방식도 변화하기 시작했다. 과거 이해관계나 신념이 일치하는 사람끼리 단체를 조직하고 시위에 나서는 것이 대표적인 방법이었다면 밀레니얼세대는 '대나무 숲' 같은 페이스북 페이지나 온라인 커뮤니티를 통해 익명으로 목소리를 내기 시작했다. 오프라인에서도 대자보나 포스트잇을 붙이거나 개인적으로 시위나 집회에 참여하는 '혼참러'도 등장했다. 집단이 아닌 개인으로 사회에 참여하는 방법을 찾은 것이다. 새로운 사회 참여 방법을 찾은 밀레니얼세대는 사회 문제에 적극적으로 목소리를 내며 2017년 정의로운 예민함으로 세상을 바꾸는 '화이트불편러'로 진화했다. 부정부패, 불평등, 인권, 동물권 등 사회 내부에 오랫동안 자리 잡고 있던 부조리와 불합리에 대해 적극적으로 목소리를 내며 사회를 좀 더 나은 방향으로 바꿔갔다.

2010년대 중반은 과도기라고 할 수 있다. 기존 사회와 밀레니얼세대가 추구하는 가치가 충돌하며 자신들만의 새로운 정의와 기준이 필요하다는 것을 깨닫기 시작했기 때문이다. 하지만 밀레니얼세대가 바로 정답을 찾은 것은 아니다. 기존 사회의 관습과 기준에 익숙해져 있어 현실을 180도 바꾸기보다 어느 정도 타협하고자 하는 관성적인 모습을 보이기도 했다. 거창한 성공을 좇기보다 평범하고 무탈한 일상을 보내는 것을 지향하며 현실에서 벗어나 휴식과 소비로 소소한 만족과 성취를 채우려는 것이 그 예다. 라이프 스타일에 있어서는 각박한 현실에서 벗어나 힐링과 휴식으로 자신을 돌보며 삶의 균형을 맞춰가려는 모습이 두드러졌다.

그러나 사회의 근본적인 변화를 이끌어내고 자신만의 기준을 찾아가기 위해 다양한 시도를 하는 모습도 눈에 띄었다. 스스로의 기준을 바로 세우며 집단이 아닌 개인을 중심으로 관계를 다시 조정하고 익명의 개인으로 사회에 참여하는 방법을 찾아 부조리한 사회 문제에 목소리를 내기도 했다. 시행착오를 겪을지라도 자신들에게 맞는 방법을 찾아가기 시작한 것이다. 이런 밀레니얼세대의 노력과 이들이 찾은 방법은 2010년대 후반 자신의 기준을 만들어가는 데 든든한 토대가 됐다.

마이싸이더: 나만의 기준을 만들어가다

구분	2019년 (2018년 기반 예측)	2020년 (2019년 기반 예측)
가치관	마이싸이더	다만추세대
소비	실감세대	클라우드 소비
관계	가취관	후렌드
콘텐츠	팔로인	판플레이
사회 인식	소피커	선취력

2010년대 후반 주요 키워드

    2010년대 후반부터는 분위기가 조금 달라졌다. 여전히 취업난은 심하고 사회적으로 경쟁도 치열했지만 대기업이나 공무원이 아니더라도 성공할 수 있는 다양한 기회와 길이 생겨났기 때문이다.

    2010년 중반부터 꾸준히 성장해온 1인 미디어 시장은 2017년 이후 유튜브가 핵심 미디어 채널로 급부상하며 전성기를 맞았다. 유튜브 크리에이터와 인플루언서의 영향력이 커지며 대도서관, 이사배 같은 유명 크리에이터가 공중파 방송에 출연하는 일이 잦아졌다. 반대로 신세경, 강민경, 백종원 같은 연예인과 유명인이 유튜브에 진출하거나 레거시 미디어legacy media가 웹 예능 프로그램 제작에 본격적으로 나서는 일도 늘었다. 주류와 비주류의 경계가 옅어지며 자신만의 길을 개척해가는 사람들이 수면 위로 올라왔고 유튜브 크리에이터와 인플루언서가 유망 직업으로 각광받았다. 그밖에도 4차 산업혁명으로 인해 비트코인, 암호 화폐, AI 등 새로운 산업들이 급부상하며 새로운 기회가 생겨났다. 실제로 2018년에

새로운 기회가 생겨나는 2010년대 후반

2007~2018년 선호 직업 변화

순위	초등학생		중학생		고등학생	
	2007년	2018년	2007년	2018년	2007년	2018년
1위	교사	운동선수	교사	교사	교사	교사
2위	의사	교사	의사	경찰관	회사원	간호사
3위	연예인	의사	연예인	의사	공무원	경찰관
4위	운동선수	조리사(요리사)	법조인	운동선수	개인 사업	뷰티 디자이너
5위	교사	유튜버	공무원	조리사(요리사)	간호사	군인
6위	법조인	경찰관	교수	뷰티 디자이너	의사	건축가·건축 디자이너
7위	경찰	법률 전문가	경찰	군인	연예인	생명·자연 과학자
8위	요리사	가수	요리사	공무원	경찰	소프트웨어 개발자
9위	패션 디자이너	프로게이머	패션 디자이너	연주가/작곡가	공학 관련 엔지니어	항공기 승무원
10위	프로게이머	제과/제빵사	운동선수	소프트웨어 개발자	패션 디자이너	공무원

　10대가 선호하는 직업을 조사한 결과를 보면 유튜버, 뷰티 디자이너, 소프트웨어 개발자 등 10여 년 전엔 없었던 다양한 직업들이 눈에 띈다.

　이런 분위기에서 MZ세대는 사회가 정의하는 성공이 아닌 자신만의 행복과 성공에 대한 기준을 본격적으로 세워나가기 시작했다. 단, 밀레니얼세대와 Z세대에게는 한 가지 차이점이 있었다. 밀레니얼세대가 지금까지 겪어온 시행착오를 바탕으로 기준을 세웠다면 이제 막 사회에 진출해 다양한 기회를 목격한 Z세대는 자신의 가능성에 대한 긍정적 인식에 바탕을 두고 기준을 세웠다는 점이다. 그럼 MZ세대의 가치관과 인식을 본격적으로 살펴보자.

　이 시기 MZ세대의 가치관을 가장 잘 보여주는 키워드가 바로 마이싸이더다. MZ세대는 인싸도 아싸도 아닌 마이싸이더로서 사회가 정한 기준이 아닌 자신을 중심으로 삶의 지향점이나 방향을 다시 잡아갔다. 눈에 띄는 것은 퇴사에 대한 인식 변화다. MZ세대는 나와 맞지 않는 곳에서 억지로 버티기보다 자신의 길을 찾아 당당히 퇴사하는 것을 택한다. 퇴사를 실패가 아닌 도전이라 여기며 퇴사 과정을 브이로그로 남겨 자신의 생각과 지향을 다른 사람과 공유하기도 한다. 사회에서 정의하는 성공이 꼭 나의 행복과 일치하는 것은 아니라는 점을 깨닫고 자신이 믿는 방향으로 용기 있게 나아가기 시작한 것이다.

자신의 가능성을 긍정하는 MZ세대는 자기만의 소소한 재능을 살리는 데도 적극적이다. 크몽, 숨고 같은 재능 공유 플랫폼에서 전공을 살려 광고 영상을 제작해주거나 직접 캐릭터를 그린 뒤 상품을 만들어 판매하기도 한다. 회사에 소속되거나 사회에서 정한 직업을 갖는 방법만 생각하지 않고 자신이 가진 재능에서 출발해 수익을 창출하며 가능성을 시험하고 확장해간다.

소비에 있어서는 소비의 가치가 소유에서 경험으로 옮겨가는 모습이 두드러진다. MZ세대는 '실감세대'로서 오감을 만족시키는 색다른 체험과 경험을 찾아 나서기 시작했다. 이색적인 콘셉트로 꾸민 팝업 스토어를 방문해 물건을 구매할 뿐만 아니라 브랜드의 가치를 온몸으로 경험했다. 영화를 볼 때는 '싱어롱sing-along 상영관'•을 찾아 다른 관객과 함께 노래를 부르고 춤을 추며 영화를 보는 낯

• <보헤미안 랩소디>, <알라딘> 같은 음악 영화가 인기를 끌자 생긴 함께 노래를 부르며 영화를 즐기는 특별 상영관

선 경험을 한다. 단순히 소유를 통해 일시적인 만족감을 얻는 것에서 그치는 것이 아니라 낯설고 색다른 경험에 투자하며 경험의 폭을 넓히는 모습이 두드러진다. 또 일상에서도 소유보다는 공유를 통해 경험에 투자하며 소비 밸런스를 맞춰나갔다. 이들은 돈, 시간, 공간이 한정돼 있는 현생에서 지나친 소유를 오히려 부담으로 느낀다. 딱 내가 필요한 것만 가지는 미니멀리스트를 꿈꾸기도 하고 차, 자전거, 공간, 노동력을 빌려주는 다양한 공유 서비스를 활용해 소유하지 않고도 니즈를 충족했다.

관계에서는 다양한 시행착오를 거쳐 '느슨한 연대'라는 MZ세대만의 해법을 찾았다. MZ세대는 학연, 지연 등 소속에 기반을 둔 끈끈한 관계가 아닌 취향을 토대로 한 느슨하고 가벼운 관계를 맺는다. 이런 '가취관(가벼운 취향 위주의 관계)'의 대표적인 예는 '취향 살롱'이라고 불리는 취향 기반의 모임이다. 트레바리, 취향관, 문토, 남의 집 프로젝트같이 취향을 기반으로 한 가벼운 모임들이 MZ세대 사이에서 인기를 끌었다. 관심사와 취향만 맞는다면 나이, 학교, 직장 같은 신상 정보는 중요하지 않다. 통하는 주제로 이야기를 나누고 친목을 위한 겉치레는 과감히 생략하기도 한다. 대부분 원데이나 시즌제로 운영돼 길게 관계를 이어가지 않고 참여하고 싶을 때만 참여할 수 있어 부담도 없다. 이처럼 기존 관계의 문법에서 벗어난 느슨한 연대가 MZ세대의 관계 방식으로 자리 잡았다.

느슨한 연대의 연결고리 역할을 하는 관심사와 취향은 점점 더 미분화됐다. 운동, 독서와 같은 취미뿐만 아니라 얼어 죽어도 아이스 아메리카노를 먹는 것, 호불호가 갈리는 민트 초코를 좋아하는 것과 같이 개인적이고 소소한 취향도 함께 뭉칠 수 있는 관심사로 여겼다. 더불어 연대의 모습도 더 가볍고 즉흥적인 것으로 진화했다. 민트 초코를 좋아하는 취향을 '#민초단'이라는 해시태그로 표현하는 것처럼 모임에 가입하지 않고 SNS에서 관련 콘텐츠나 밈을 함께 즐기고 소통하는 것만으로도 충분하다고 생각했다. 특히 온라인을 중심으로 이런 모습이 두드러졌다. 익명의 사람들과 같은 관심사가 담긴 콘텐츠에서 댓글로 소통하고 유행하는 챌린지에 동참하며 동질감과 소속감을 느낀다. 관심사와 코드가 겹치는 순간에 함께 뭉쳐 놀고 끝나면 흩어지는 가볍고 즉흥적인 관계의 모습이 두드러졌다.

사회에 목소리를 내는 주제도 더 개인화되고 미분화되기 시작했다. 2010년대 중반까지 사회 내부의 부조리와 같은 대의에 목소리를 높였다면 이제는 '스피커'로서 개인이 추구하는 삶의 방향과 맞닿아 있는 소신을 이야기하는 데 적극적이다. 결혼을 하지 않는 것을 선택한 비혼주의나 아이를 낳지 않는 삶을 택한 딩크족 등 다양한 삶의 방식을 인정해달라고 목소리를 낸다. 사회 참여 방법도 더 일상적이고 소소해졌다. 이들에겐 꼭 시위에 참여하거나 온라인으로 의견을 내는 것만이 사회 참여가 아니다. 텀블러를 들고 다니며 친환경을 실천하고 위안부 피해 할머니를 돕기 위한 팔찌나 유기견을 돕는 배지 같은 굿즈를 소비하며 자신의 소신을 드러냈다. '돈쭐'*이라고 불리는 구매 운동으로 응원하고 싶은 기업을 지지하는

• '돈'과 '혼쭐내다'의 합성어. 좋은 일을 한 기업의 제품이나 서비스를 응원의 의미를 담아 구매하는 것

새로운 사회 참여의 모습도 나타났다. 또 소신을 표현하기 위해 완벽해져야 할 필요는 없다는 인식도 생겨나기 시작했다. 원칙을 철저하게 지키는 비건이 아니라 일주일에 1~2번 실천하는 간헐적 채식도 충분하다는 것이다. 이처럼 사회 참여가 일상에 녹아들며 소신과 지향을 표현하고 실천하는 것이 자연스러운 일이 됐다.

이처럼 2010년대 후반 MZ세대는 치열한 고민을 바탕으로 자신만의 행복의 기준과 인생의 방향을 더 분명하게 세워나갔다. 다양한 삶의 방식이 있다는 것을 목격하고 체감한 MZ세대는 다른 사람의 시선과 평가에 연연하기보다 내 길을 만들기 위해 노력한다. 관계에 있어서도 느슨한 연대처럼 자신에게 알맞은 방법을 찾아냈고 일상에서도 나의 소신을 자연스럽게 표현했다.

2020년대

하이퍼 퍼스낼리티: 갓생의 시대, 차곡차곡 쌓아가는 나

구분	2021년 (2020년 기반 예측)	2022년 (2021년 기반 예측)	2023년 (2022년 기반 예측)
가치관	인플루언서블 세대 일상력 챌린저	경계 없는 세대 디지털 근본주의	하이퍼 퍼스낼리티
직업관	-	멀티플리스트 EX시대	포트폴리오 세대
소비	세컨슈머		디깅 소비
관계	컨셉친	메타버스 네이티브 TTTB 무기한 무경계	숏포머블
콘텐츠			
사회 인식	선한 오지랖	ESG 감수성	-

2020년대 주요 키워드

자신의 기준을 바로 세운 MZ세대는 2020년대부터 본격적으로 자신의 정체성을 더 선명하게 만들어가기 시작했다. 이런 모습은 특히 Z세대에게서 두드러진다. 인플루언서블 세대인 Z세대는 자신을 드러내는 데 거리낌이 없으며 나의 생각, 취향, 재능을 더 잘 설명하고 표현하기 위해 끊임없이 노력한다. 여기서 노력이란 단순히 효과적이고 가시적인 표현 방법을 찾는 것에 그치지 않는다. 내가 가지고 있는 재능을 찾고 개발해 발현하는 것까지 포함한 개념이다. Z세대는 자신에게 숨겨진 면모를 찾고 이를 잘 갈고닦으며 본격적인 셀프 브랜딩을 해나가기 시작한다.

이런 흐름에 불을 지핀 것은 코로나19였다. 코로나19로 일상이 흔들리기 시작하자 Z세대를 중심으로 소소하지만 좋은 습관을 만들어가며 일상을 탄탄하게 다지는 갓생 문화가 생겨난 것이다. 이런 모습은 '일상력 챌린저'에서 확인할 수 있다. Z세대는 사회의 기준이나 다른 사람의 시선이 아닌 온전히 자신의 기준과 속도에 맞게 목표를 세우고 하루하루를 살아간다.

대표적인 예가 바로 운동에 대한 인식 변화다. 과거 운동의 목적이 사회적으로 이상적인 몸매를 만드는 것에 초점이 맞춰져 있었다면 지금의 운동은 몸과 마음의 건강을 만들어가는 것에 초점이 맞춰져 있다. Z세대는 날씬한 몸이라는 결과를 위해 자신을 채찍질하지 않는다. 몸에 좋으면서 맛있는 키토 음식을 챙겨 먹고 운동을 루틴으로 만들어 즐기며 오늘 하루 목표한 운동을 끝냈다는 소소한 성취감을 챙긴다. 결과보다는 차근차근 쌓고 채워가는 과정에 집중한다. '투두메이트'나 '마이루틴'처럼 결과를 만들어가는 과정을 도와주는 서비스가 인기를 끈 것도 이 때문이다. 결과보다 과정을 중시하는 삶의 태도가 Z세대 사이에서 주목받기 시작했다.

Z세대는 아이덴티티를 만들어가는 데 있어서도 과정에 집중한다. 명확한 목표나 고정된 롤 모델을 정해놓지 않는다. 오늘의 나를 제대로 파악하고 나의 관심사, 취미, 취향, 지식 등을 보여줄 수 있는 조각들을 모으는 과정에 초점을 맞춘다. 이런 Z세대의 면모를 살펴볼 수 있는 키워드가 바로 컨셉친이다. Z세대는 자신과 타인을 이해하고 표현하는 수단으로 MBTI를 활용한다. 자신의 여러 모습을 바탕으로 부캐를 만들고 소통한다. 내가 가진 다양한 면모를 관리하는 Z세대는 자신에게 수많은 가능성이 있다는 것을 안다. 예를 들어보자. 개발자로 일하고 있지만 커피와 디저트를 좋아해 카페 투어를 다니기도 하고 집에서 홈베이킹을 즐기기도 한다면 Z세대는 자신을 개발자로 한정 짓지 않고 '커피와 디저트를 즐기는 나'라는 부캐를 만든다. 부캐를 기반으로 같은 취향을 가진 사람들과 소통하고 베이킹이라는 능력을 개발하며 또 다른 면모를 발전시킨다. 자신의 가능성을 시험하고 스펙트럼을 넓힐 수단으로 부캐를 활용하는 것이다.

하이퍼 퍼스낼리티에서는 여러 부캐를 기반으로 확장한 자신의 자아를 다시 쌓고 재조합해 본캐를 더 선명하고 뚜렷하게 만든다. 부캐도 결국에는 나의 본캐를 이루는 하나의 단면이기 때문이다. 이런 단면들을 다시 블록처럼 쌓아 다면적이고 가변적인 과정형의 나를 만들어간다.

직업관에 있어서도 마찬가지다. 스페셜리스트도, 제너럴리스트도 아닌 멀티플리스트인 Z세대는 소소한 재능과 개성을 살려 동시에 여러 가지 일을 하고 다양한 소득 수단을 만든다. 하나의 직업과 하나의 직장에 매달리지 않는다. 회사에 소속감을 가지고 일하기보다는 개인이 가진 다양한 재능과 개성을 개발하는 것을 중요하게 여긴다. 승진이라는 수직적인 목표에 집중하는 커리어 패스 대신 다양한 역량과 경험을 펼쳐놓고 유용하게 조합하는 커리어 포트폴리오의 개념이 주목받는 것도 이 때문이다.

지금까지 지난 8년간 대학내일20대연구소에서 내놓았던 트렌드 키워드를 기반으로 시대의 변화를 짚어봤다. 2020년대를 기점으로 시대를 관통하는 삶의 태도가 달라진 모습이 뚜렷하게 나타난다. '대충 살자'를 외치던 시대에서 갓생을 살며 끊임없이 자신을 발전시키는 시대로 전환된 것이다. 삶의 태도와 기준의 변화는 다양한 부분에 영향을 미쳤다. 평균 지향의 시대에 안정적인 직업으로 각광받던 공무원은 커리어 포트폴리오가 중요해지며 인기가 시들해졌다. 아무 생각 없이 휴식할 수 있도록 도와주는 제품과 서비스가 각광받던 때도 있었으나 지금은 일상을 생산적으로 만들어주는 서비스들이 주목받는다.

앞으로도 Z세대를 필두로 갓생의 시대가 한동안 계속될 것으로 보인다. 결과보다 과정을 중시하는 삶의 태도나 다면적이고 가변적인 과정형의 나를 만들어가고자 하는 지향을 이해하는 것은 2020년대를 이해하는 초석이 될 것이다.

감사의 글

덕분에 무사히 책을 출간했습니다

올해도 어김없이 진심을 다해 MZ세대와 트렌드를 연구하고, 많은 프로젝트를 맡은 가운데 원고 집필까지 병행하느라 밤낮으로 고생한 대학내일20대연구소 구성원들께 가장 먼저 고마움을 전합니다. 또 바쁜 와중에도 기꺼이 시간을 내 흥미로운 트렌드 사례와 인사이트를 보태어준 대학내일 트렌드 리딩 그룹과 대학내일 전략 인사이트 위원회에게도 고마운 마음을 전합니다. Z세대를 대표해 실시간으로 자신들의 일상과 생각을 전해준 제트워크 여러분 또한 큰 힘이 됐습니다. 마지막으로 언제나 변함없이 물적, 심적 지원을 아끼지 않는 대학내일과 관계사의 모든 임직원분들, 꼼꼼하고 완벽하게 책의 탄생 과정을 책임진 위즈덤하우스에도 고개 숙여 깊은 감사의 말씀을 올립니다.

사진 출처

CHAPTER 1

- 19쪽. 카카오내비
- 23쪽. 트위터 맛집 검색기(https://twitter-michelin-guide.netlify.app/)
- 24쪽. 대설교메(mail-helper.com)
- 27쪽-1. 제트워크 시즌 6 참여자 나재연
- 27쪽-2. 유튜브 리닛LINNIT의 아무거나
- 27쪽-3. 대학내일 김민경
- 27쪽-4. 안수빈

CHAPTER 2

- 39쪽-1. 인스타그램 sorirla
- 39쪽-2. 인스타그램 physique_hamin

CHAPTER 3

- 48쪽. 유튜브 새니 SENI
- 50쪽-1. 폴인(https://www.folin.co/)
- 50쪽-2. 유튜브 퇴사한 이형
- 51쪽. 인스타그램 totoolike

CHAPTER 4

- 59쪽. 대학내일 직원
- 60쪽. 커리어리(https://careerly.co.kr/landing)

CHAPTER 5

- 64쪽-1. 대학내일 신지연

표 출처 ─────────────────────────────────

32쪽. Z세대는 왜 운세를 볼까?

• 세대별 점·운세를 보는 이유. <[데이터베이직] 가치관(2022년 6월)>, 대학내일20
  대연구소, 2022.06.17

• 세대별 '나의 성향·성격을 파악하기 위해' 점·운세를 보는 비율. <[데이터베이직] 가
  치관(2022년 6월)>, 대학내일20대연구소, 2022.06.17.

33쪽. 자기 유형화를 추구하는 Z세대

• MBTI 및 유형 테스트 언급량 추이. 알에스엔 자체 솔루션 LUCY 2.0 기반 자체 검색

35쪽. 핫 플레이스가 된 사진관

• 여가를 보낼 때 사진관·포토부스를 방문하는 비율과 핫 플레이스로 사진관·포토부
  스를 방문한 비율. <[데이터베이직] 여가(2022년 6월)>, 대학내일20대연구소,
  2022.06.23.

36쪽. 사진관에서 사진 찍기 유행과 갓생 트렌드

• 프로필 사진 관련 언급량 추이. 알에스엔 자체 솔루션 LUCY 2.0 기반 자체 검색

56쪽. 늘 이직을 꿈꾸는 Z세대

• 취준생이 생각하는 이직의 이미지. <2022년 주목해야 할 취업 트렌드>, 대학내일
  20대연구소, 2022.07.20.

57쪽. Z세대는 어떤 회사를 선호할까?

• 입사 결정에 영향을 미치는 요인. <2022년 주목해야 할 취업 트렌드>, 대학내일20
  대연구소, 2022.07.20.

76쪽. 숏폼 콘텐츠를 선호하는 Z세대

• 최근 6개월 내 숏폼 플랫폼 이용 경험과 숏폼 콘텐츠 일평균 시청 시간. <[데이터플
  러스] 미디어·콘텐츠·플랫폼(2022년 7월)>, 대학내일20대연구소, 2022.07.26.

84쪽. 콘텐츠 제작이 일상화된 Z세대

• 숏폼 콘텐츠 업로드 소요 시간. <[데이터플러스] 미디어·콘텐츠·플랫폼(2022년 7월)>, 대학내일20대연구소, 2022.07.26.

112쪽. 욜로가 가고 갓생이 온다

• 욜로와 갓생의 정보량 추이 비교. 알에스엔 자체 솔루션 LUCY 2.0 기반 자체 검색

128쪽. MZ세대는 어떤 가전제품을 원할까?

• 전자 제품 소비 관련 인식 변화. <MZ세대의 가전·전자 제품에 대한 인식 및 니즈>, 대학내일20대연구소, 2022.05.31.

134쪽. Z세대의 변화하는 음주 문화

• 최근 3개월 내 음용한 주종 상위 10개 연도별 비교. <MZ세대가 말하는 고급술및 위스키·와인 집중탐구>, 대학내일20대연구소, 2022.06.21.

175쪽. Z세대가 애국심을 느끼는 방식의 변화

• 세대별 애국심을 느끼는 상황 TOP 5. <[데이터베이직] 가치관(2022년 6월)>, 대학내일20대연구소, 2022.06.17.

229쪽. 새로운 기회가 생겨나는 2010년대 후반

• 2007~2018년 선호 직업 변화. 교육부

1. <[데이터베이직] 가치관(2022년 6월)>, 대학내일20대연구소, 2022.06.17

2. <M문Z답>(대학내일 트렌드 미디어 <캐릿(Careet)> 뉴스레터, 2022. 07.12)

3. <[데이터플러스] 여가(2022년 6월)>, 대학내일20대연구소, 2022. 06. 23

4. <Why You Should Build a "Career Portfolio" (Not a "Career Path")>(Harvard Business Review, 2021.10.13)

5. <"이직 경력은 능력 있다는 증거"…'신의 직장'도 5년 안 돼 관둔다>(한국경제, 2022.07.10)

6. <"평생직장은 무슨"…대기업·공기업도 떠나는 MZ세대>(이데일리, 2022.04.27)

7. <국가공무원 7급 공채시험 평균 경쟁률 42.7대 1>(대한민국 정책브리핑, 2022.06.08)

8. <기재부 1년 차, IT 기업 갔다… 2030 공무원 퇴직 4년 새 2배>(조선일보, 2022.08.01)

9. <[데이터플러스] 취업(2022년 5월)>, 대학내일20대연구소, 2022.05.24

10. <'중고 신입' 모셔요"…코로나19가 바꾼 취업 지형도>,(동아일보, 2022.04.04)

11. <[데이터플러스] 취업(2022년 5월)>, 대학내일20대연구소, 2022.05.24

12. <[데이터플러스] 취업(2022년 5월)>, 대학내일20대연구소, 2022.05.24

13. <주 32시간제의 시작!>(배달의민족 블로그, 2022.01.20)

14. <네이버 직원 55% "회사 안 나가고 집에서 일할래요">(조선일보, 2022.05.19)

15. <'MZ 취향 저격하라' 특명받고 탄생한 2030 전담 스나이퍼들>(한경비즈니스, 2022.06.28)

16. <유튜브 쇼츠에도 동영상 광고… 돈 되는 '짤막 콘텐츠'>(매일경제, 2022.05.25)

17. <"2년 새 급성장 릴스, 모기업 메타<옛 페이스북>의 차세대 먹거리로 부상">(조선비즈, 2022.06.14)

18. <[데이터플러스] 미디어·콘텐츠·플랫폼(2022년 7월)>, 대학내일20대연구소, 2022.07.26

19. <[데이터플러스] 미디어·콘텐츠·플랫폼(2022년 7월)>, 대학내일20대연구소, 2022.07.26

20. <[데이터플러스] 미디어·콘텐츠·플랫폼(2022년 7월)>, 대학내일20대연구소, 2022.07.26

21. <마스크 벗자…요즘 10대가 대신 쓴다는 이것 [더인플루언서]>(매경프리미엄, 2022.05.14)

22. <유튜브 쇼츠에도 동영상 광고… 돈 되는 '짤막 콘텐츠'>(매일경제, 2022.05.25)

23. <맛집 검색 때 지도앱 사용? 미국 Z세대는 틱톡을 켠다>(한국일보,2022.07.14)

24. <'미국 견제' 틱톡, 음악 배포 플랫폼 '사운드온' 출시>(매일경제, 2022.03.12)

25. <페이스북 모기업 메타, 음악 수익 공유 서비스 출시>(조선비즈, 2022.07.26)

26. <틱톡, 누구나 필터를 만들 수 있는 플랫폼 '이펙트 하우스' 글로벌 베타 론칭>(틱톡 공식 블로그, 2022.04.23)

27. <편의점 '숏폼 드라마' 잘나가네… CU '편의점 고인물' 1억 뷰>(이투데이, 2022.08.04)

28. <2021 욜로 라이프(YOLO life) 관련 인식 조사>, 트렌드모니터, 2021.12

29. <롯데칠성음료 2분기 영업이익 638억 원…작년 동기 대비 39.9%↑>(연합뉴스, 2022.08.01)

30. <편의점서 건강한 한끼…CU-풀무원, 올바른 간편식 시리즈 출시>(헤럴드경제, 2022.07.27)

31. <MZ세대에 번진 '건기식'…전자 제치고 1등>(뷰티누리, 2022.02.25)

32. <MZ세대가 건강을 위해 실천하는 식습관>, 대학내일20대연구소, 2022.04.27

33. <MZ세대의 가전·전자 제품에 대한 인식 및 니즈>, 대학내일20대연구소, 2022.05.31

34. <MZ세대가 말하는 고급술 및 위스키·와인 집중탐구>, 대학내일20대연구소, 2022.06.21

35. <[데이터플러스] 미디어·콘텐츠(2021년 11월)>, 대학내일20대연구소, 2021.11.15

36. <MZ세대의 여가 생활과 자기계발 트렌드>, 대학내일20대연구소, 2021.02.24

37. <2022 20대 TOP BRAND AWARDS>, 대학내일20대연구소, 2022.10.25

38. <성수 다음은 어디? Z세대 핫플 '삼각지'에 주목하세요!>(트렌드 미디어 캐릿(Careet)>, 2022.07.26)

39. <도소매 업종 개황>, 공정거래위원회 가맹사업정보시스템, 2021

40. <팝업 인기 '매출 껑충'…GS25, 하이네켄 매출 2.5배↑>(뉴시스, 2022.08.04)

41. <이마트24, 검은사막 '24블랙' 팝업 스토어…"2주간 1.4만 명 방문">(머니투데이, 2022.06.17)

42. <'편의점표' 렌털 통했다…CU, '픽앤픽' 이용 건수 5배 급증>(이데일리, 2022.04.14)

43. <입사 1년 안 돼 첫 히트상품… 와인 피크닉 패키지 불티났죠>(파이낸셜뉴스, 2022.06.01)

《Z세대 트렌드 2023》 집필진

원고를 직접 집필하거나 집필 과정에 참여하신 분들입니다.

- 이재혼 대학내일20대연구소 수석연구원 (집필책임)
- 호영성 대학내일20대연구소 소장
- 김혜리 대학내일20대연구소 수석
- 송혜윤 대학내일20대연구소 수석연구원
- 장지성 대학내일20대연구소 책임연구원
- 김민경 대학내일20대연구소 연구원
- 박지원 대학내일20대연구소 사원
- 신지연 대학내일20대연구소 책임연구원
- 제혜정 대학내일20대연구소 책임연구원
- 함지윤 대학내일20대연구소 연구원
- 손유빈 대학내일20대연구소 에디터
- 이소민 대학내일20대연구소 인턴
- 이은재 대학내일20대연구소 수석연구원
- 지승현 대학내일20대연구소 수석연구원
- 김다희 대학내일20대연구소 책임매니저
- 허수정 대학내일20대연구소 인턴

대학내일 전략 인사이트 위원회 & 트렌드 리딩 그룹

Z세대 특성과 트렌드를 정리하는 파이널 워크숍에 참여해
다양하고 풍부한 시각을 더해주신 분들입니다.

강지혜 콘텐츠제작팀 에디터 / 권수인 경영기획팀 수석 / 김나래 MZ비즈니스2팀 책임매니저 / 김주희 기획혁신센터 매니저 / 김현진 인재성장팀 사원 / 박지원 디지털콘텐츠2팀 책임매니저 / 서준원 디지털콘텐츠1팀 수석 / 양중은 마케팅커뮤니케이션8팀 매니저 / 이누리 마케팅커뮤니케이션2팀 책임매니저 / 이정민 비즈니스센터 책임매니저 / 이혜인 기획혁신센터 수석 / 장하림 디지털커뮤니케이션3팀 매니저 / 정은우 기획혁신센터 센터장 / 조은 비즈니스센터 매니저 / 조인천 디지털커뮤니케이션3팀 팀장 / 주윤지 마케팅커뮤니케이션2팀 매니저 / 하소정 기획혁신센터 매니저 / 홍승우 미디어센터 센터장

제트워크 4기, 5기, 6기, 7기

대학내일20대연구소에서 운영하는 가장 트렌디한 Z세대 커뮤니티 '제트워크'에
참여해 실시간으로 Z세대의 의견과 일상을 전달하는 서포터즈가 돼주신 분들입니다.

하이퍼 퍼스낼리티, 더 선명하고 입체적인 나

Z세대 트렌드 2023

초판 1쇄 인쇄 2022년 10월 14일 **초판 1쇄 발행** 2022년 10월 26일

지은이 대학내일20대연구소
펴낸이 이승현

출판2 본부장 박태근
MD독자 팀장 최연진
편집 진송이
디자인 김태수

펴낸곳 ㈜위즈덤하우스 **출판등록** 2000년 5월 23일 제13-1071호
주소 서울특별시 마포구 양화로 19 합정오피스빌딩 17층
전화 02) 2179-5600 **홈페이지** www.wisdomhouse.co.kr

ⓒ 대학내일20대연구소, 2022

ISBN 979-11-6812-490-5 03320